Oração de Repouso

Coleção Água viva

A arte de purificar o coração – Tomás Spidlík

À mesa de Betânia. A fé, a tumba e a amizade – Marko Ivan Rupnik

"Abraçou-o e o cobriu de beijos" – Marko Ivan Rupnik

Ainda que tenha morrido, viverá. Ensaio sobre a ressurreição dos corpos – Olivier Clément - Marko Ivan Rupnik

Nós na Trindade. Breve ensaio sobre a Trindade – Tomás Spidlík

O discernimento – Marko Ivan Rupnik

O exame de consciência. Para viver como remidos – Marko Ivan Rupnik

Orar no coração – Tomás Spidlík

"Procuro meus irmãos". Lectio Divina sobre José do Egito – Marko Ivan Rupnik

Peter Dyckhoff

Oração de Repouso
O essencial é simples

Dados Internacionais de Catalogação na Publicação (CIP)
(Câmara Brasileira do Livro, SP, Brasil)

Dyckhoff, Peter
　　Oração de Repouso : o essencial é simples / Peter Dyckhoff ; tradução Adolfo Temme. – São Paulo : Paulinas, 2014. – (Coleção água viva)

　　Título original: Ruhegebet.
　　Bibliografia
　　ISBN 978-85-356-3653-6

　　1. Cassiano, João. ca. 360-435 - Crítica e interpretação 2. Hesicasmo 3. Misticismo - História - Igreja primitiva ca. 30-600 4. Orações I. Título. II. Série

13-10896   CDD-248.32

Índice para catálogo sistemático:
1. Oração : Prática religiosa : Cristianismo   248.32

Título original da obra: *RUHEGEBET*
© 2009 *Don Bosco Medien GmbH, München*

Direção-geral: *Bernadete Boff*
Editora responsável: *Vera Ivanise Bombonatto*
e Antonio Francisco Lelo
Tradução: *Adolfo Temme*
Copidesque: *Ana Cecilia Mari*
Coordenação de revisão: *Marina Mendonça*
Revisão: *Ruth Mitzue Kluska*
Gerente de produção: *Felício Calegaro Neto*
Capa e diagramação: *Jéssica Diniz Souza*
Imagem de capa: *Marko Ivan Rupnik*

Nenhuma parte desta obra poderá ser reproduzida ou transmitida por qualquer forma e/ou quaisquer meios (eletrônico ou mecânico, incluindo fotocópia e gravação) ou arquivada em qualquer sistema ou banco de dados sem permissão escrita da Editora. Direitos reservados.

Paulinas

Rua Dona Inácia Uchoa, 62
04110-020 – São Paulo – SP (Brasil)
Tel.: (11) 2125-3500
http://www.paulinas.org.br – editora@paulinas.com.br
Telemarketing e SAC: 0800-7010081

© Pia Sociedade Filhas de São Paulo – São Paulo, 2014

Prefácio

▶ Um golpe fatal atingiu minha família, e fui forçado a mudar, de um dia para o outro, a minha vida profissional e particular. Foi um choque para minha mãe, para minha irmã e para mim, quando meu pai morreu num acidente. A vida tinha que continuar, e por isso tive que adentrar, com muita responsabilidade, o meio de vida dele, que era comercial e empresarial. Esta atividade, com a qual me vi envolvido de repente, exigia sacrifício – eu era jovem e vinha da faculdade. Tentava fazer o máximo, mas, no fundo, me faltavam experiência, saber e capacidade gerencial. Embora soubesse esconder as faltas, sabia do meu fracasso. Mas, não querendo admitir isso, recorri ao álcool e aos remédios. Então, no correr dos anos vi que aquela não era a vida a que me tinha proposto. Sentia-me isolado e sem força.

Todas as tentativas de sair da depressão fracassaram, e me afundei mais ainda. Era uma morte no meio da vida. A minha fé cristã dobrava a pressão, pois me cobrava serviço prestado. Assim se passaram quase dez anos, até que atingi patamares de ruína intoleráveis. Eu procurava desesperadamente por saídas, mas todas elas estavam fechadas para mim. Foi quando cheguei neste fim de estrada que um dia recebi um convite para participar de um curso de iniciação em Oração de Repouso. Hesitei, pois minha experiência com oração não era promissora, mas depois aceitei. Já durante o curso pude ver que não se cobravam metas; pelo contrário, pela entrega a Deus éramos convidados a treinar a arte de soltar as tensões. Nas semanas seguintes – eu me exercitava na Oração de Repouso – aconteceu uma mudança em mim que me levou a uma fé com profundas raízes. Primeiramente senti mudanças físicas:

- Com poucos dias experimentei um estado benfazejo de paz no corpo, na alma e no espírito.
- Minha enxaqueca, que muitas vezes me levava ao desespero, foi diminuindo até desaparecer.
- O consumo de calmantes e álcool foi reduzido já nas primeiras semanas.
- A vontade de beber ia cessando e a dependência de remédios diminuía.
- Uma mudança na alimentação trouxe leveza ao corpo e maior bem-estar.
- A minha pressão baixa se normalizou aos poucos, até ficar estabilizada.
- Antes sofria de insônia, que eu colocava na conta do excesso de trabalho. Desse mal tão comum fui completamente curado.
- Eu adoecia com facilidade e pegava gripe muitas vezes. Isso foi diminuindo aos poucos. Tenho a impressão de que a Oração de Repouso fortificou meu sistema imunológico.

Além dessas e de outras melhoras corporais, experimentei maior estabilidade e força psíquica. Mais tarde, pude ver que as mudanças que vi em mim e em outros são comprovadas por exames que a ciência fez com pessoas que costumam meditar:

- a resistência e a perseverança recebem um reforço;
- a atividade rende mais;
- o trabalho, ainda que mais intensivo, cansa menos;
- diante do cansaço, as forças se refazem mais depressa;
- os preconceitos são mais raros, e meu julgamento é mais objetivo;

- tenho mais dificuldade de perder os estribos;
- os dias adquiriram mais graça;
- minha autoestima cresceu;
- os pesadelos acabaram;
- maior alegria de viver e mais vitalidade foram recuperadas;
- fui me tranquilizando e vi o valor de estar sozinho;
- passei a sentir maior determinação e criatividade;
- coisas que almejava há muito tempo me vieram como de presente.

Com essa nova base na minha vida, pude deixar meu trabalho depois de doze anos, e o meu desejo de ser padre se cumpriu.

Já consegui ajudar muitas pessoas em dificuldade, iniciando-as na prática da Oração de Repouso. Algumas saíram da aflição, outras ganharam um novo sentido na vida, outras aprofundaram sua fé.

Com este livro que explica a Oração de Repouso quero ajudar aquelas pessoas que não podem participar de um curso e que não conhecem ninguém que possa ensinar esse modo de rezar tão simples e tão eficiente.

Primeiramente, quero dizer que a Oração de Repouso tem raízes cristãs. Ela é a forma original da Oração de Jesus, chamada também de Oração do Coração, que mais tarde ficou em uso no Monte Athos e na Rússia.

Foi João Cassiano (360-435), o pai dos monges, que trouxe a Oração de Repouso para o Ocidente. Esse antigo modo de rezar monacal, fonte de vida cristã, não perdeu sua atualidade até hoje. O cristão suspira por uma âncora forte e procura nas velhas fontes cristãs caminhos convincentes e fáceis de andar. Cassiano tinha mais de 60 anos, quando transcreveu os diálogos que tivera com vários padres do deserto no Egito, trinta anos antes. Daí nasceu o livro *Collationes*, com o subtítulo "Vinte e quatro diálogos com os padres". Sua própria experiência completava as lições dos seus mestres, entre os quais se destacava Evágrio do Ponto (345-399).

Cassiano quer que o orante encontre em tudo o Criador, fonte de todo ser, que é o Amor. Ao contrário da Igreja ortodoxa na Rússia e da tradição no Monte Athos, onde esse modo de rezar floresce até hoje, no Ocidente ele caiu em desuso por conta de uma progressiva racionalização.

Evágrio ensinou a Oração de Repouso a seu aluno, uma oração puramente espiritual, livre de qualquer imagem. Cassiano descreve minuciosamente esse método de oração. Uma única frase curta é usada como meio para silenciar a alma. A abundância de pensamentos diminui pela austera pobreza de um único verso. Pelo exercício da Oração de Repouso, a pureza do coração passa a ser um estado permanente. Os padres do deserto sabiam que esse modo de rezar era um desafio: a maioria das pessoas não pode imaginar que a verdade e a essência sejam uma coisa tão simples. Por isso mesmo, seus alunos eram introduzidos nos mistérios da oração somente depois de muitas provas.

A quietude provinda da Oração de Repouso não somente ajuda a vencer o dia a dia, com suas dificuldades, como também nos inspira o sentimento de abrigo seguro em Deus e consequentemente nos encoraja a liberar as tensões. A atitude básica do orante é receptiva, é de quem confia a Deus a sua vontade. A entrega da nossa vontade própria é treinada para que, fortificados pelo divino dom, possamos enfrentar nossas tarefas com maior disposição. Uma grande paz se irradia no orante que segue as instruções de Cassiano. Essa paz é um escudo contra perturbações, abre caminhos para Deus e fortifica espírito e corpo.

A influência de Cassiano se percebe não somente em São Bento de Núrsia, como também em outros fundadores e teólogos: São Domingo, Tomás de Aquino, Tomás de Kempis, Inácio de Loyola, Teresa de Ávila, João da Cruz, Francisco de Sales. A influência de Cassiano nos monges de Athos é evidente. Também se percebe nos escritos da Pequena filocalia e em Relatos de um peregrino russo.

A Oração de Repouso nasce do Novo Testamento, de modo especial da Oração do Senhor. Para Evágrio do Ponto, aluno espiritual de Orígenes (185-255), a luta contra o mal (a contrapalavra) é fundamental. Os padres a praticavam em forma de jaculatórios.

Num mundo ameaçado por forças destrutivas, mas desejoso da paz e da presença divina, a Oração de Repouso, em sua simplicidade e eficiência, é um santo remédio. Assim, espero que os leitores pratiquem a oração e possam contar maravilhas.

PETER DYCKHOFF

Introdução

o exercício da Oração de Repouso, conforme João Cassiano

1. O QUE IMPORTA NA VIDA?

Hoje em dia, mais do que nunca, se precisa de um modo de rezar que atinja a pessoa em todo o seu ser, que desenvolva sua personalidade e aprofunde sua fé:

- Momentos de bem-estar e de verdadeira alegria espiritual são rarefeitos para muita gente.
- Há sinais de que existe sede de voltar às fontes e à naturalidade.
- O corpo demonstra, com tensões e dores, que existem processos, experiências e sentimentos que não são percebidos e admitidos.
- Muita gente passa a vida sem rezar. Às vezes, o sofrimento nos leva a perceber a nossa verdadeira natureza e nos mostra a necessidade de rezar.
- Tanto a contração quanto o relaxamento são obstáculos para um desenvolvimento da personalidade e para uma oração autêntica.
- A vontade de experimentar e aprofundar a fé é grande, embora não seja admitida por muita gente.

Qualquer trabalho, profissão e arte precisam de treino, para que a obra seja perfeita. Nós possuímos um potencial incrível de forças que não são usadas. A principal tarefa da pessoa é acordar o que nela quer viver, para que assim possa sentir maior intimidade com Deus. O que poderíamos ser não nasce espontaneamente:

precisamos aprender, ensaiar, experimentar e praticar. Antes de tudo, deveríamos devolver ao nosso Criador uma parte do nosso tempo, para que ele possa preencher-nos com sua graça. As pessoas que praticam a Oração de Repouso podem nos dar uma ideia desse caminho, mas cada um deve adquirir sua própria experiência. Esse modo de rezar transforma a pessoa de um modo que possa abrir-se mais e mais para o amor misericordioso de Deus. Até mesmo as pessoas que perderam o jeito ou o gosto pela oração são encorajadas a recomeçar, quando experimentam a Oração de Repouso. Os efeitos são maravilhosos tanto para a própria vida, como para o convívio e a criação inteira.

2. O que precisamos saber antes de começar?

- A Oração de Repouso é fácil de aprender. Sua execução não é complicada.
- Ela não cobra resultados.
- Pode ser praticada em grupo, mas depende de cada pessoa.
- Não visa a comportamentos determinados, e sim, unicamente, à entrega a Deus.
- Ela abre uma dimensão profunda da vida e da fé. Dimensão esta que dá suporte, traz esperança e enriquece a vida.
- Ela mostra passos para uma maior interioridade no cotidiano. Assim a vida desabrocha, porque descobre o amor e alcança a Deus, fonte de todo ser.
- Não existe lição a aprender nem curiosidade a satisfazer. Só interessa o aprofundamento pela experiência.

Muitas pessoas não conhecem seu centro vital. Não conhecem os próprios desejos e aspirações. Por isso, não se orientam pelas necessidades essenciais. São "maria vai com as outras" e fazem o que os outros esperam delas.

A Oração de Repouso ensina os clássicos caminhos da vida mística:

- o caminho da purificação;
- o caminho da iluminação;
- o caminho da união.

Pela purificação e libertação, o coração se desafoga, para voltar-se a Deus, e a fé torna-se mais profunda. Pelo exemplo de Cristo, o orante aprende a oração de entrega, que o leva mais e mais a viver sua verdadeira natureza e a reconhecer a vontade de Deus. É preciso libertar-se da imagem do eu que formamos, e deixar que surja aquilo que é real e permanente.

Quando Michelângelo enfrentou um bloco de mármore com martelo e talhadeira, foi-lhe perguntado o que estava fazendo. Ele respondeu: "Neste rochedo, há um anjo preso, e quero libertá-lo". A imagem já repousa no bloco de mármore, mas sua forma está oculta para o expectador. O escultor, modelando a pedra bruta, retira tudo aquilo que impede a visão da imagem invisível. Aos poucos se cristaliza a forma perfeita, e a imagem aparece na sua beleza secreta. Assim como o artista tira o véu que encobre a estátua, do mesmo modo o orante, na fase da purificação, tira os impedimentos que não deixam sua natureza brilhar. Aos poucos, surgem forças que quebram as limitações impostas pela herança, pela família, pela educação, pela sociedade ou mesmo pela religião. Quando o artista "liberta" a estátua presa na pedra, toma igual cuidado com o material a ser retirado. Só pode haver mudança positiva e transformação através da aceitação bondosa daquilo que somos no momento, e não através da rejeição. Passo a passo, retiramos o invólucro, e o miolo aparece.

Quando uma pessoa fica desequilibrada por dias, fica fácil de ser ferida, está sempre na defesa e não tem percepção das pessoas a sua volta. A Oração de Repouso desfaz suavemente as tensões do corpo e da alma, para que as forças dormentes possam despertar. Essas energias se ativam para pôr em ordem o cotidiano. Se praticarmos esse modo de rezar, surgirá contentamento e serenidade. A purificação da vida interior, por outro lado, leva a equilibrar a relação com os outros e com tudo ao nosso redor.

Além dos aspectos corporais que trazem saúde, devemos notar que a Oração de Repouso faz o orante entrar em si mesmo e favorece uma mudança interior, um desembaraço de tudo o que prende e um acesso ao único necessário. O sossego para o corpo, o espírito e a alma faz descobrir a própria identidade. O novo só cai nas mãos de quem antes soltou o que suas mãos seguravam. O orante se exercita para quebrar as barreiras, e só assim pode haver progresso no caminho espiritual.

Resumindo, podemos enumerar os efeitos positivos da Oração de Repouso:

- mudanças no corpo, na alma e no espírito, e com isto uma nova visão da vida;
- equilíbrio de corpo e espírito;
- o orante se entrega totalmente ao Criador. Esperando por ele, fica aberto para a corrente do amor e para o sopro do Espírito de Deus;
- o discípulo fica livre do estado de confusão em que se encontravam seu corpo e espírito;
- não raro, somos libertos de insônia, de estados de tensão e de dores;
- com pouco tempo percebemos que o corpo "revive". A pessoa aprende a valorizá-lo, em vez de apenas tolerar ou dominar o seu corpo;
- percebemos outros aspectos da realidade e ganhamos uma nova espontaneidade;
- a Oração de Repouso relaxa a tensão, diminui a pressão do dia e transmite à alma a paz desejada e uma profunda tranquilidade;
- com a prática regular, o corpo rejuvenesce e o espírito faz experiências profundas.

A vida de oração de muita gente está totalmente empobrecida, reduzida somente ao plano mental. Ao contrário disso, a

Oração de Repouso atinge e transforma a pessoa em sua totalidade, como se vê em muitos testemunhos. É incrível como essa oração tão simples pode ter tantos efeitos sobre o corpo e a alma, que são intimamente ligados. O corpo, pelo porte, o olhar e as mãos, é um retrato da alma.

Na Oração de Repouso, o ser humano, que no fundo é de origem divina, pode desabrochar melhor e irradiar no mundo, já que nada mais ofusca o seu brilho. Por isso é importante não perder de vista a meta desse modo de rezar, que não é a de ensinar um "método" ou um "manejo". O que interessa é apenas o espírito de entrega, para que o único necessário – o amor compassivo do Criador – para nós se torne transparente. O sentido da Oração de Repouso é uma transformação que faz desabrochar em nós aquilo que realmente somos: criaturas ou filhos de Deus, ligados à sua fonte que é amor.

Os caminhos aqui mostrados, conforme João Cassiano, são de legítima tradição cristã. Visam a um crescimento espiritual e nos ajudam, para que possamos aceitar-nos como pessoas em desenvolvimento e ao mesmo tempo admitir os limites com os quais conseguimos viver por ora. As incoerências permanecem: aprendemos a viver com elas. Mas, por baixo, cresce o anseio que se estende ao Único, no qual todas as contradições se acabam. O primeiro passo dessa forma de rezar é desprender-se dos caminhos tortuosos do modo de pensar e julgar que se interiorizaram. Assim, o orante se torna livre de preconceitos, constrangimentos e medos e adquire calma e serenidade. Aprende a deixar-se nas mãos de Deus. É nesse sentido que Angelus Silesius, médico e místico (1624–1677), escreve em *O peregrino querubínico*: "Serenidade, o que é? Nada mais do que a vontade de Deus acolhida por ti".

Gerd Terstegen (1750) completa o pensamento: "Se queres possuir-me, precisas entregar-te a mim; quem abandona a si mesmo e tudo o que tem desfruta para sempre de mim".

3. Para tirar dúvidas

- A Oração de Repouso pode ser praticada por todos, independentemente de idade ou religião.

- Mas quem sofre de pressão alta, de problemas cardíacos ou respiratórios, quem é convalescente de operação recente, deveria consultar o seu médico. A mesma coisa vale para a mulher grávida.

- Pessoas com estrutura psicológica abalada precisam do parecer de seu médico e posteriormente do acompanhamento de um orientador espiritual. Dependentes de álcool ou de drogas têm a mesma restrição.

- Este exercício é para todo cristão que, independente de profissão, de biografia pessoal ou saber teológico, quer ultrapassar as limitações do cotidiano, para conhecer a verdadeira fonte da vida.

- A intenção dessa prática é que o orante encontre o Criador em tudo e por meio de tudo, experimente a fonte do ser, o amor divino.

4. Para facilitar a entrada...

- Por favor, siga exatamente as instruções. Mudanças ao próprio gosto não correspondem à tradição da Oração de Repouso e devem ser evitadas. Mais tarde chamaremos a atenção para certos perigos como, por exemplo, o de combinar a oração com o ritmo da respiração.

- O exercício juntamente com o conhecimento necessário virá passo a passo dentro do ensino de João Cassiano, monge do quarto século. Evite pular detalhes, antecipar lições ou escolher a gosto. Cada passo se baseia em experiências individuais anteriores.

- Se não tiver tempo suficiente, não faça o exercício. Não podemos rezar como quem "aproveita o embalo", pois assim não alcançamos o valor e a profundidade da oração.

- O local não importa, desde que a temperatura seja agradável.
- O melhor tempo para o exercício é bem cedo e à noite, antes do jantar.
- Não é bom fazê-lo imediatamente antes de dormir, pois a energia ativada poderia dar insônia.
- Antes de começar, faça a higiene bucal e o que for necessário.
- Fique com o corpo reto, sentado. Essa posição leva mais ligeiramente ao repouso integral. A cabeça fica erguida. Só isso. De resto, não supervalorizamos os aspectos corporais.
- Evite todo tipo de esforço.
- Os textos realçados contêm ditos, relatos e parábolas que aprofundam o exercício. Servem para confirmar experiências feitas ou incertezas que surgem.
- Os passos concretos e o saber necessário vêm da antiga tradição monástica. O autor deste livro, que deu cursos sobre isso durante dezenas de anos, acrescenta a sua experiência e a dos participantes.

Antes de entrar nesse curso, o leitor tome consciência desse tesouro precioso da antiga Igreja cristã que irá descobrir. Conhecerá as origens da Oração de Repouso e seus efeitos sobre todo o nosso ser e sobre o mundo ao nosso redor. Só com esse saber e com sua experiência própria, poderá dar valor a essa prática.

> Imagine que você está gozando férias numa ilha do Mar do Norte, com as praias vazias. Há dias em que o vento do oeste bate forte e leva o mar encrespado até as dunas. Depois, há dias ensolarados e você passeia horas e horas na beira do mar. Os seus pés se molham nas águas ainda aquecidas pelo sol e

> deixam rastos fundos, que somem com a próxima onda. Longe de você, vai um homem com passos enérgicos, olhando para o horizonte, que não para um instante. Parece que não presta atenção ao momento presente, nem sabe onde está andando.
>
> Diferente desse homem que anda à toa, você olha a seu redor e para de vez em quando, observando o mar e a areia coberta de conchas que esfregam nos seus pés. A calma repousante lhe dá a capacidade de ver essas maravilhas. De repente, está diante de seus pés algo pelo qual o outro passou perto sem ver: o mar liberou um grande pedaço de madrepérola que rolou até a praia. Você bem sabe o valor do tesouro, para admirado, levanta a pedra e toma posse dela. Você sabe que a madrepérola desde sempre é considerada uma das pedras mais preciosas, feitas pela resina fóssil das selvas nórdicas que se acabaram numa catástrofe da natureza.
>
> Se você não soubesse da preciosidade, certamente teria achado que se tratava de qualquer arenito marrom-amarelo que não merecia atenção. Muita gente se alegra com você. Outros estão com inveja.

Um bem precioso está a seus pés. É preciso somente parar, reconhecer, valorizar e adquiri-lo como seu. Você descobriu a Oração de Repouso e gostaria de usá-la em toda a plenitude. Isso, porém, só é possível:

- se você se preparar para essa prática;
- se você andar no provado caminho cassiano;
- se você enriquecer as experiências feitas com novos conhecimentos.

A experiência de profunda quietude levanta espontaneamente perguntas tanto gerais como religiosas, que pedem respostas abrangentes e satisfatórias. Para que não faltem essas respostas no momento certo, é preciso adquirir o quanto antes um saber básico necessário. A tradição da Oração de Repouso, com tantos relatos escritos pelos pais dos monges, dá segurança no seu caminho e coragem em tempo de seca espiritual, tira dúvidas, salva de desvios, corrige erros e confirma o seu progresso. Por isso, devemos alternar entre exercício e nova aprendizagem. Esquecemos as coisas com facilidade, mesmo as essenciais; por isso, haverá repetição de alguns pontos indispensáveis, e essa insistência faz parte da tradição dos mestres do deserto.

Se você quiser entrar agora nesse caminho, que não lhe falte o apoio de todas as forças positivas e que a graça de Deus seja sua companhia.

Primeira Parte

▶ Conduzindo para a Oração de Repouso

1
"Nada é pesado, se formos leves"

▶ Esta frase foi me dada, sem comentário, pelo meu orientador espiritual no seminário, Dr. Johannes Bours. Nessa época, a porta para o meu caminho espiritual me parecia fechada, uma porta que a meu ver se abria para fora. "Nada é pesado, se formos leves!" Tal frase de Richard Dehmel, assim eu sentia, tinha grande significado para o próprio orientador e vinha de profunda experiência. "Leve" não significa "descuidado" ou "leviano". Somos leves, assim ele dizia, se formos livres, descomplicados, serenos, transparentes.

No acompanhamento espiritual por anos a fio, Johannes Bours deixou em mim uma convicção: existe algo que nos sustenta por dentro, a partir de um centro vital que não é feito por nós, mas nos é dado de presente, e que somente devemos acolher. Ele me apoiou nessa caminhada feita de experiências. Quando encontrei esse homem pela primeira vez, fiquei muito impressionado. No meio da inquietação que pervadia a minha vida naquele tempo, percebi o chamado ao silêncio, um convite para prestar atenção nos finos impulsos do coração, na suave fala de Deus.

Nas nossas conversas sempre de novo se cristalizava a pergunta sobre como se poderia concretizar e intensificar um caminho espiritual especificamente cristão. Observando minha história pessoal e profissional e sabendo da minha experiência com a Oração de Repouso, que já tinha mais de uma dezena de anos, ele me incentivou a partilhar com outras pessoas essa prática que vem de fontes cristãs antigas.

No caminho do hesicasmo – no exercício desse modo de rezar – ele me acompanhou por anos. Com sua ajuda, pude fazer experiências importantes que deram um novo rumo à minha vida. A Oração de Repouso vem ao encontro do nosso desejo de sermos inteiros, do anseio por integração de espírito, alma e corpo. Ela satisfaz a sede de conhecimento e nos ajuda a vencer as sombras que há no ser humano. Pela repetição da oração, o aluno primeiramente descobre quem é ele mesmo e aprende a fazer suas escolhas. Ele se torna livre de um fardo inútil e fica aberto para o Espírito de Cristo, de modo que é capaz de reconhecer e assumir o seu próprio caminho.

Desde o meu primeiro encontro com esse caminho em 1971, sinto a vontade de transmitir a outras pessoas essa oração singela e eficaz. O que vou expor a seguir é eco de milhares de participantes, aos quais pude mostrar o que aprendi. Mas não basta confiar num mestre; é preciso adquirir um saber teológico que está voltado para a sua origem, e que dá respostas ao orante. A Oração de Repouso é um fundamento encoberto e esquecido que, uma vez descoberto, poderá ser um suporte valioso para a construção de nossa casa espiritual.

PERGUNTAS E RESPOSTAS SOBRE ESTE CAPÍTULO

1. Entre tantos caminhos espirituais, é difícil escolher o certo. O que fala a favor do caminho cassiano?

Cassiano e seus mestres seguem com exatidão a tradição cristã. Fizeram questão de transmitir sem misturas, de geração em geração, essa doutrina que tem sua raiz no Novo Testamento. Cassiano a deixou por escrito no nono e décimo diálogo com os mestres (*Collationes*) entre os anos 420 e 429. Assim, ela ainda hoje é acessível a todos.[1]

O que fala a favor do caminho cassiano são os seguintes critérios:

---

[1] CASSIANO, João. *Collationes* (Ed. bras.: *Da oração*. Petrópolis: Vozes, 2008).

- É um caminho baseado na escritura e, por isso, de fundamento cristão.
- Os frutos espirituais dessa prática começam no deserto dos primeiros séculos e continuam até hoje. Um caminho usado e provado dá mais garantia do que uma vereda nova.
- A Oração de Repouso não exclui outras práticas: pelo contrário, apoia e favorece. O orante aprende a distinguir.
- Qualquer cristão que esteja no uso de sua força espiritual pode começar a praticar esse caminho *de* forma natural e sem complicação. É bom, porém, escolher um guia para evitar voltas desnecessárias.
- As qualidades sublimes se mostram ao caminhar.

2. Por que Cassiano e seu modo simples e profundo de rezar são tão pouco conhecidos?

Primeiramente, a teologia cristã não queria ser confundida com o sufismo e o hinduísmo, que usam elementos parecidos. Por outro lado, o nome de Cassiano é evitado pelos que usaram seus escritos porque ele se baseia na doutrina de Orígenes, que sofreu excomunhão. Por isso, ninguém queria nem mesmo amizade com alguém que fosse aluno dele. Contudo, todos copiaram seus escritos.

2

Sobre o valor da oração

▶ Cassiano, que como primeiro de todos escreveu sobre a Oração de Repouso, era monge, como também a maioria dos posteriores autores. Mas esse caminho espiritual tem a mesma validade fora do mosteiro, porque ele tem valor universal. O caminho é para todo cristão, sem exceção. Nicolau Kabasilas, metropolita de Tessalônica (1361-1363), escreveu sobre isso:

> Cada um continue na sua arte ou na sua profissão. O general continue a comandar, o agricultor fique na lavoura, o operário no seu trabalho. Ninguém precisa abandonar o seu ofício. Não é preciso ir ao deserto ou alimentar-se e vestir-se de um modo diferente. Ninguém precisa arruinar sua saúde ou fazer algo extraordinário, porque é plenamente possível fazer a prática permanente na própria casa, sem desfazer-se do que é seu.

E a abadessa das beneditinas de Saben (Tirólia), Marcelina Pustet, osb, constata:

> Parece-me que esse ensino pode ser oferecido ao homem de hoje (também ao religioso, que, aliás, não é mais tão "conventual") não como disciplina monacal, mas como caminho do "homem secular" que esteja aberto para Cristo.

Qual é a importância da oração e para onde ela me leva, se eu seguir o itinerário do Novo Testamento e dos padres do deserto?

Cassiano cita logo no início do nono diálogo, que é o primeiro a tratar sobre a oração, a frase que diz: "Rezai sem cessar!"

(1Ts 5,16-18). Para São Paulo, a oração incessante tem a ver com a alegria permanente e a ação de graças ininterrupta. Alegria, oração e gratidão nascem da mesma raiz e da mesma base. O Espírito de Deus, presente no ser humano, faz com que a alma permaneça em Deus sem cessar. Mas a desordem causada pelo pecado tirou do ser humano a capacidade que lhe era dada: a de perceber a presença divina e de viver nela. Hoje ele pergunta: Será que o sofrimento no mundo permite uma alegria permanente? Será que os cuidados cotidianos, os pensamentos sem fim e as preocupações pela existência favorecem a oração constante? E como é que pode surgir gratidão no nosso coração, diante de tantas injustiças e guerras? Com espírito pesaroso, embora cheio de vontade, o peregrino russo pergunta logo no início do seu relato, como é possível rezar sem cessar.

> Na vigésima quarta semana depois de Pentecostes, entrei na igreja para rezar. Na liturgia foi feita a leitura da epístola aos Tessalonicenses 5,17, onde se diz: "Orai sem cessar!". Essa frase ficou gravada no meu coração, e comecei a meditar como seria possível fazer isso, já que toda pessoa tem que dar conta dos seus afazeres para se manter. Eu abri a Bíblia e vi com meus olhos a mesma coisa que tinha escutado, a saber, que devemos rezar continuamente, sem extinguir o espírito em toda súplica, que devemos crescer na perseverança e viver em todas as circunstâncias com as mãos elevadas em oração. Pensei muito sobre isso e não sabia como entender a passagem (cap. 23).[1]

Em meio à transitoriedade da vida, mais cedo ou mais tarde surge no ser humano – em geral por causa de algum infortúnio, por uma intuição própria ou por algo milagroso – o desejo de uma vida espiritual. E quem já experimentou que a oração, com

---

[1] GAUVAIN, Jean. *Relatos de um peregrino russo*. 11. ed. São Paulo: Paulus, 2004.

sua constância, tem a força de incorporar e melhorar a vida material tão inconstante, terá um forte desejo de viver uma vida espiritual no meio do mundo. Esse indivíduo se põe a caminho como peregrino para procurar e experimentar aquilo que permanece, algo que vem de Deus, em si mesmo, nos outros e na criação inteira.

> O menino Jequiel, neto do rabino Baruque, estava um dia brincando de esconder com outro menino. Ele se escondeu bem e ficou esperando que o outro fosse procurá-lo. Depois de muita espera, saiu do esconderijo. Mas não havia nem sinal do outro menino. Foi então que Jequiel percebeu que, desde o começo, o colega nem tinha ido atrás dele. Com isso começou a chorar e, chorando assim, foi até o aposento do seu avô, queixando-se do mau companheiro. Lágrimas banharam o rosto do rabino Baruque, quando falou: "Do mesmo modo diz nosso Deus: 'Eu me escondo, e ninguém quer me procurar'".[2]

Santo Agostinho diz que Deus também tem saudade, a saber, saudade do ser humano. Só que Deus não se impõe. Nós é que devemos procurá-lo e encontrá-lo para ele nos santificar. "A vontade de Deus é esta: a vossa santificação" (1Ts 4,3). Esta atinge seu ponto culminante numa vida espiritual permeada continuamente de profunda alegria interior, na qual a união com Deus, por meio de oração constante, não se interrompe, e onde o agradecimento contínuo é expressão da alma devota. "Para quem procura santidade, é importante saber qual é a vontade de Deus. Aqui temos o resumo: uma vida na alegria permanente, na oração constante e na gratidão em todas as circunstâncias."

O alvo de uma vida em Deus e o sinal de um coração puro são a união incessante e duradoura com a origem, que é amor.

---

[2] BUBER, Martin. *Histórias do rabi*. São Paulo: Perspectiva, 1967.

Deus é a fonte de todo ser. "Deus é amor" (1Jo 4,8). Se nosso espírito conseguir penetrar nessa camada de silêncio sem ruído, terá se libertado de tudo o que perturba e conquistado um potencial de força para enfrentar o cotidiano. Essa origem, essa quietude fundamental que tudo suporta, é revelada no relato da criação.

> E assim foram concluídos o céu e a terra com todo o seu aparato. No sétimo dia, Deus considerou acabada toda a obra que havia feito, e no sétimo dia descansou de toda a obra que fizera. Deus abençoou o sétimo dia e o santificou, porque neste dia Deus descansou de toda a obra da criação. Esta é a história das origens do céu e da terra, quando foram criados (Gn 2,1-4).
> Lembra-te de santificar o dia do sábado. Trabalharás durante seis dias e farás todos os trabalhos, mas o sétimo dia é sábado dedicado ao Senhor, teu Deus. Não farás trabalho algum, nem tu, nem teu filho, nem tua filha, nem teu escravo, nem tua escrava, nem teu gado, nem o estrangeiro que vive em tuas cidades. Pois em seis dias Deus fez o céu e a terra, o mar e tudo o que neles há, mas no sétimo dia descansou. Por isso Deus abençoou o sábado e o santificou (Ex 20,8-11).

O caminho da Oração de Repouso nos presenteia com a experiência desse descanso divino que misteriosamente encerra em si mesmo todo o ser. Nesse estado – que pode inicialmente durar pouco tempo – nossa oração será perfeita. A fim de que esses momentos de plenitude ocorram mais vezes e com maior duração, a nossa oração precisa ser apoiada por uma vida ativa agradável a Deus e, do mesmo modo, a vida ativa precisa do apoio da oração. Existe uma inter-relação inseparável entre corpo, espírito e alma. Assim como a vida espiritual tende à perfeição por meio da oração, do mesmo modo as boas obras e toda nossa atividade em favor da vida querem chegar ao acabamento perfeito. A oração é apoiada e favorecida por um trabalho dedicado; por outro lado, é a oração e o inerente estado de profundo

Sobre o valor da oração

descanso que contribuem muito para o bom êxito de todos os nossos trabalhos. Nossas atividades só podem ser benfeitas, se estiverem ancoradas no mesmo fundamento que a oração, unidas ao Espírito divino e em consonância com ele.

> Uma onda só pode alcançar sua altura máxima, se ela tiver o suporte do fundo do oceano. Mas se ela não estiver ligada com a profundidade da água, quebrará com qualquer vento e se desmanchará.

Só pode durar o que estiver firmado pela raiz. Nosso enraizamento em Deus é a condição para uma vida em harmonia que possa levar-nos ao Divino, o porto de nossa saudade. É bem verdade que o fundamento que tudo carrega, o imperturbável descanso criativo de Deus, está presente no ser humano, mas o acesso está vedado para muitos. Deve ser afastado todo obstáculo, para que a conexão com o fundamento se torne outra vez perceptível e accessível. Cassiano fala de uma torre espiritual, que só se pode erguer e subir, se a sua construção estiver bem planejada no realismo dos recursos disponíveis. A primeira coisa que se faz é o fundamento, um trabalho que ainda não faz a torre crescer, mas que vai na direção contrária. Essa preparação, no entanto, será inútil e a vida não poderá desabrochar, se a agitação e a tensão não forem superadas por um processo de purificação. Nesse processo de purificação que a Oração de Repouso oferece, velhos traumas não resolvidos se desfazem, o lixo sentimental mortífero é eliminado, até que aos poucos aparece o fundamento sólido do nosso coração como rocha firme capaz de suportar a nossa vida (cf. Lc 6,48).

Só com essa base a vida pode ser venturosa, como a construção da alta torre espiritual se levanta inabalável e, confiante na sua firmeza, poderá se erguer além de sua dimensão limitada. Se ela repousar sobre tal fundamento, nenhuma destruição fatal poderá atingi-la, e nenhum ataque há de preocupá-la. Mesmo fortes abalos ou investidas enganosas não poderão estremecê-la. A Sagrada Escritura dá grande importância ao forte rochedo, ao escondido suporte que tudo carrega.

- Por isso assim diz o Senhor Deus: "Eis que vou colocar uma pedra em Sião, uma pedra comprovada, uma pedra angular, preciosa, lançada como pedra de fundação. Quem nela confiar, não precisa temer" (Is 26,18).
- Caiu a chuva e vieram as enchentes, sopraram o ventos e deram contra a casa, mas ela não desabou. Pois estava fundada sobre a rocha (Mt 7,25).
- Quanto ao fundamento, ninguém pode colocar outro, senão aquele que está posto, que é Jesus Cristo (1Cor 3,11).
- Mas o sólido fundamento que Deus colocou não pode ser abalado. Ele traz escrito no selo: "Quem professa o nome do Senhor, afaste-se da injustiça" (2Tm 2,19).

Embora não vejamos o fundamento, e sim a casa nele fundada, ele será sempre uma realidade indispensável. Mesmo que não possamos perceber com nossos sentidos corporais o Cristo, fundamento colocado por Deus, existem meios na vida espiritual para achegar-se a ele e experimentar sua presença. E assim nossa vida será nele fundada, e nada poderá destruí-la.

PERGUNTAS E RESPOSTAS SOBRE ESTE CAPÍTULO

1. Qual é a diferença entre a Oração de Repouso e semelhantes modos de rezar de outras religiões?

A Oração de Repouso não é uma técnica de oração, pois ela tem como conteúdo uma relação pessoal com Deus e uma fé consciente na encarnação de Jesus Cristo. A meta dessa oração não é somente suprimir todos os pensamentos e jogar a alma num nada sem fundo. A Oração de Repouso tende para um encontro direto, onde tratamos a Deus com Tu. Ela supõe a profissão de fé nesse Tu Divino que veio a nós no Filho unigênito de Deus, que é ao mesmo tempo divino e totalmente humano, em Deus que em Jesus Cristo se tornou nosso Salvador e Redentor.

2. Esse modo de rezar é idêntico à meditação?

Meditar nem sempre é rezar. Há métodos de meditação que não têm conteúdos religiosos, mas visam somente ao alívio de corpo e alma. A oração cassiana, pelo contrário, é uma forma cristã de meditar que tem como conteúdo a invocação de Deus. Por essa dimensão religiosa cristã que se acrescenta, o orante experimenta não somente alívio de corpo e mente, mas também põe em prática sua fé e sua alma alcança um crescimento. O efeito é que a imagem de Deus, impregnada na alma, chega a brilhar, e a pessoa se torna cada vez mais semelhante a Deus.

3. Diante do sofrimento que há no mundo, não chega a ser egoísmo gastarmos tanto tempo em aprender e praticar a Oração de Repouso?

Só quem tem pode dar. E só pode dar o tanto que tiver. Muitas pessoas gostariam de dar e ajudar, mas elas mesmas estão no fim das forças, esgotadas. A Oração de Repouso nos permite tirar continuamente força nova de um poço escondido e receber graça divina, que podemos transmitir desdobrada a outros com alegria e garra. Foi assim que Jesus fazia: sempre se retirava no momento da oração para dar prioridade ao Único, que é a união com o Pai. Só assim ele foi capaz de dar conta do Múltiplo e cumprir a tarefa de sua vida. São Bento diz na sua regra que se inspira no pensamento cassiano: "O Santo Ofício tem a primazia em tudo". Deus abençoou o sétimo dia, no qual descansou, e pede também que santifiquemos esse dia e nele descansemos. Ele quer nos ver num sadio equilíbrio, deixando a sétima parte de nossa vida para o descanso divino.

3
Antes de começar

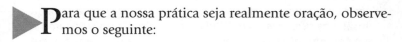ara que a nossa prática seja realmente oração, observemos o seguinte:

- Primeiramente vamos tranquilizar-nos exteriormente e não dar atenção a desejos e apetites corporais.
- Tratemos de ficar livres de tudo que prende nossa atenção de modo nocivo. Não devemos gastar com isso nem um pensamento furtivo.
- Vamos fugir de toda conversa tola e desnecessária, principalmente sobre o próximo.
- Não permitamos nenhuma perturbação causada por ira ou tristeza demasiada.
- Toda dependência e satisfação de desejos egoístas devem ser arrancadas pela raiz.

Tudo aquilo que tiver impressionado a nossa alma antes da oração vai surgir nela enquanto rezamos, porque a memória vai recordá-lo. Por isso, antes de começar, devemos preparar o estado que queremos encontrar durante a oração, porque esta é influenciada pela situação anterior da alma.

Por simples comportamentos, fáceis de treinar, o orante pode preparar o solo para a Oração de Repouso. Esta, por sua vez, vai ser o chão fértil para acolher a Palavra de Deus e sua afeição bondosa, e assim o orante poderá receber a graça divina. A partir dessa base humana, ela poderá espalhar-se sem barreiras e encher de luz tudo o que se obscureceu neste mundo.

> O semeador semeia a palavra. Uns estão à beira do caminho, onde a palavra é semeada; mal a ouvem, vem Satanás e retira a palavra neles semeada. Outros recebem a semente em lugares pedregosos; quando a ouvem, recebem-na com alegria; mas não têm raiz em si, são inconstantes, e assim que se levanta uma tribulação ou uma perseguição por causa da palavra, eles tropeçam. Outros ainda recebem a semente entre os espinhos: ouvem a palavra, mas as preocupações mundanas, a ilusão das riquezas, as múltiplas concupiscências sufocam-na e a tornam infrutífera. Aqueles que recebem a semente em terra boa escutam a palavra, acolhem-na e dão fruto, trinta, sessenta e cem por um (Mc 4,14-20).

Primeiro: Se quisermos retirar-nos para a oração, devemos abandonar todas as atividades, para que possamos aquietar-nos. Se quisermos orar sem largar a atividade exterior, nem o agir nem o orar terão valia. Haverá o perigo de divisão, porque as duas coisas se contrapõem. De um lado, espírito e corpo querem agir e realizar algo, e de outro lado a alma, que sempre participa de tudo, recebe uma chance de entrar em profundo repouso. A alma deve apoiar nossa ação, mas também o espírito e o corpo devem sentir o desejo da alma de procurar a Deus no silêncio.

Segundo: No ser humano dormem muitas impressões não esclarecidas nem decifradas que prendem sua atenção de tal maneira que não é capaz de ser ele mesmo.

> Dois monges foram enviados por seu abade até um mosteiro vizinho para levar um recado. Assim, foram andando horas a fio em silêncio, orando. Como o caminho passava perto de um rio, ouviram de repente o grito de uma mulher do outro lado com este pedido: "Por favor, me ajudem a atravessar, porque quero ver minha mãe que está para morrer". Um dos monges foi adiante, sem dar atenção, enquanto o outro se desfez de sua roupa, nadou até o outro lado e trouxe a mulher. Esta lhe agradeceu e seguiu viagem. O monge vestiu o hábito de novo

> e tratou de alcançar o companheiro que estava adiantado. Depois que o alcançou, ainda andaram em silêncio um bom pedaço. Mas depois, o monge que havia seguido em frente, sem ligar para o pedido, começou a acusar o confrade, dizendo: "Teu pecado é imenso. Conheces a nossa regra que não permite nem que se olhe para uma mulher. E o que fizestes, além disso? Tirastes a roupa e tocastes na mulher". Assim continuou a despejar acusações sobre o outro em fantasias abundantes. Mesmo quando silenciou, parecia falar interiormente. Depois de certo intervalo, o monge que havia atendido o pedido falou para ele: "Tu ainda estás carregando a mulher?".

A Oração de Repouso nos ajuda – como veremos e experimentaremos pessoalmente – a libertar-nos de tudo que prende nossa atenção obsessivamente; ajuda-nos a dissolver impressões não digeridas e trazer à luz sombras escuras. Em boa hora podemos verbalizar ou expressar tudo aquilo que nos oprime, desobstruindo assim o caminho da Oração de Repouso. Se sufocarmos certos impulsos vitais que assim se encolhem, não perceberemos mais o mal que há em nós e passaremos a censurar nos outros os desejos não satisfeitos que carregamos em nós mesmos. Inconscientemente projetamos a nossa sombra sobre pessoas ou instituições, para desfazer-nos da pressão desagradável, como o monge que pensa ter observado à risca a regra da ordem. É claro que isso não se faz sem agressões, como mostra a vida cotidiana. A sombra muitas vezes já nasce no tempo de criança. Ela pode ser uma fatalidade ou adquirida por própria culpa.

Davi reza: "Quem se dá conta dos próprios erros? Absolve-me dos pecados dos quais não tenho consciência" (Sl 19,13). Só teremos coragem de perceber e admitir a própria sombra, se tivermos feito a experiência de que alguém nos aceita, apesar da nossa sombra. Na confissão pessoal, no acolhimento pelo confessor, podemos fazer essa experiência de sermos aceitos com nosso pecado.

Terceiro: Se evitarmos conversa tola e vã, principalmente o falatório sobre o próximo, favorecemos muito a Oração de Repouso.

> O ancião foi perguntado um dia por um discípulo: "Por que faço tanto mau juízo dos meus irmãos?". E ele lhe respondeu: "É porque ainda não te conheces. Quem se conhece a si mesmo, não vê as falhas dos outros".

As muitas palavras vãs com os respectivos pensamentos são uma barreira no caminho de interiorização. Sem conhecer nem a nós nem os outros, abrimos a boca para tolices que ofendem o próximo e ainda o jogam para baixo, da luz para as trevas. E não nos damos conta de que assim vamos para baixo também. O apreço das boas qualidades, no entanto, eleva a pessoa e a estimula a melhorar mais ainda. Elevando e iluminando os outros, trazemos luz para a própria vida também. Feliz a pessoa que já não sente vontade de falar mal dos outros ou de abrir sua boca para insultar.

> Não devemos condenar as ações do próximo, a não ser depois de ponderar muito e somente se formos responsáveis pelo procedimento dele. Caso contrário, sempre agimos mal. Os outros devem prestar conta de sua vida a Deus, não a nós. Deus não pede satisfação a nós sobre os atos dos outros, mas sim sobre aquilo que fizemos. Enquanto a pessoa se ocupa em investigar a vida dos outros, não vai conhecer a si mesma nem apegar-se a Deus (De um sermão de São João Maria Vianey, o Cura d'Ars).

O pedido do sermão da montanha de não falar mal dos outros é talvez o mais difícil de cumprir.

Antes de começar

> - Não julgueis e não sereis julgados (Mt 7,1).
> - Não é o que entra pela boca que torna o homem impuro, mas o que sai da boca, isso é o que torna o homem impuro (Mt 15,11).
> - Não saia de vossa boca nenhuma palavra má, senão somente palavras boas, oportunas, edificantes (Ef 4,29).
> - No muito falar não faltará o pecado, mas quem refreia seus lábios é sensato (Pr 10,19).

No conto "Três galhos verdes", dos Irmãos Grimm, temos a descrição das consequências trágicas da autossuficiência. Um sábio eremita ancião, que vivia em harmonia consigo mesmo e com Deus, viu um acusado sendo levado à forca. Nesse momento vacilou e pensou desavisadamente: "Cada um recebe o que merece". Esse pequeno pensamento causou tanto distúrbio na criação, que o eremita caiu para traz e teve que passar seus dias em penúria, tanto material como interior, até que no fim alcançou a libertação.

Quarto: Se experimentarmos em nós explosões emocionais que ferem os outros, devemos prestar atenção: ainda há muita coisa perturbadora em nós. Não podemos jogar nos outros nem ira, nem impaciência, nem abatimento. Não devemos transferir nosso peso aos outros ou abater o seu ânimo. Podemos confiar que, pela profunda paz oriunda da oração, as tensões corporais e psíquicas serão dissolvidas. Mas é bom fazer nosso dever de casa fora do exercício, controlando os excessos emocionais que fazem mal a nós mesmos. Os meios para isso dependem de cada pessoa. Reações demasiadas devem ser desfeitas por um modo sensato de falar, para que surja uma harmonia interior e para que possamos cultivar nossa personalidade no trabalho e na oração.

Quinto: Outro fator que favorece a oração é tirar o foco do ego para ver o outro nos seus desejos e nas suas carências. O tema central na teologia de Santo Agostinho (354-430), o maior dos padres latinos, é a identificação do amor ao próximo com o amor a Deus. O serviço prestado a Deus se espelha numa vida fraterna bem-sucedida. Na sua regra monástica, Agostinho até coloca o amor ao próximo acima da oração. Para ele, a dedicação ao irmão é o maior louvor de Deus.

> Só pelo amor ao próximo poderás conhecer o amor de Deus. É verdade que prestas honra a Deus pela oração, adoração, meditação e contemplação. Mas a maior honra para ele são as relações amáveis para com as outras pessoas. Cada um carrega Deus no seu coração: é dali que se evidencia o grande valor da atenção e do respeito mútuo. Na boa convivência com o próximo é que o louvor de Deus encontra a melhor expressão. No amor ao semelhante encontras a Deus, porque Deus habita no amor.
>
> Quem ama cumpriu a lei de Cristo. Esta lei só poderá ser cumprida, se cultivares o amor ao próximo na prática da vida cotidiana. Se pensares que pode amar a Deus sem ligar para o próximo, o teu amor a Deus me parece não ser verdadeiro, e sim autoengano. Nossa oração, nossa participação na eucaristia e na vida sacramental em geral ainda não provam que amamos a Deus verdadeiramente. Se não tiveres amor ao outro, se não cultivares e aumentares teu zelo, tua oração e tua participação nos sacramentos não estão dando frutos.
>
> E saiba: o amor ao próximo nunca poderá ser obstáculo para o amor a Deus. Num amor verdadeiro sempre terás diante dos olhos e no coração o bem-estar do outro. Nunca uses poder sobre outra pessoa, nem abuses dela para teus próprios objetivos. Com isso limitarias sua autonomia, prejudicando sua individualidade (DYCKHOFF, P. *Geistlich leben im Sinne alter Klosterregeln*, Augustinus Kap. 2,3 [Vida espiritual segundo as antigas regras monásticas, Agostinho, caps. 2,3]).

Antes de começar

> Amemos a Deus, porque ele nos amou primeiro. Se alguém disser: "Amo a Deus", mas odiar o próximo, é mentiroso. Pois quem não ama o irmão, a quem vê, não pode amar a Deus, a quem não vê. Temos de Deus este preceito: quem ama a Deus, ame também o irmão (1Jo 4,19-21).

Se o praticante da Oração de Repouso seguir essas normas, favorece em muito os bons efeitos do exercício que apressa o passo para chegar a Deus. Mas a oração é tão forte, que mesmo sem preparação pode ser enfrentada e levará aos mesmos resultados, em ritmo retardado. Se fecharmos a porta para as coisas que não prestam, tanto nosso sistema nervoso como o nosso ânimo ficarão aliviados, e velhas impressões não digeridas se dissolverão melhor e mais rapidamente. Nosso corpo e nossa alma, todos dois querem ficar livres dos pesos que o destino ou a própria culpa lhes impuseram.

Cassiano fala da preparação para a oração com palavras profundas. Ele não pensa somente naquilo que nos afeta antes do exercício, e sim nos traumas não dissolvidos de muito tempo atrás que começam a despertar – purificando o sistema nervoso e a alma –, quando entramos nas regiões de um repouso mais profundo.

> As aflições que encontramos são os descendentes dos próprios erros. Queiramos suportá-los com paciência na oração, e reencontraremos o gozo do bem (Marcos, o Eremita, séc. V).

Quando o orante percebe: algo que me paralisava e transtornava está se mexendo para sair, quer dizer que ele não se importa com as ruínas mortas do seu passado. Para ele, só interessa que em sua oração esteja caminhando no rumo de Deus, e que em sua vida ativa esteja cumprindo a tarefa que Deus lhe confiou.

> Se você for surpreendido no deserto por uma tempestade de areia, adianta lutar contra a areia e teimar seguindo o caminho? Para poupar energias vitais, é melhor enrolar-se em sua roupa e ficar passivo, até que a tempestade passe e possa seguir adiante, sem ter perdido forças.

Aqui entram em jogo dois fatores importantes para a prática da oração: de um lado, vamos evitar tudo o que impressiona a alma obsessivamente, tudo aquilo que está aí sem solução e sem remissão, e, de outro, vamos encarar com naturalidade aquilo que aparece e se dissolve pela crescente paz como fruto da oração. Assim se cumpre aos poucos para nós a palavra do apóstolo: "Quero que os fiéis orem em todo lugar, levantando mãos santas, sem ira nem discussões" (1Tm 2,8).

As mãos santas são símbolo do coração puro e da alma purificada de toda sombra. Delas, a toda hora pode elevar-se a oração até o Criador, sem impedimento, e a porta do orante está aberta para receber a graça de Deus, de modo que a presença amorosa de Deus se torne transparente.

Perguntas e respostas sobre este capítulo

1. As condições que devem ser criadas para o exercício da Oração de Repouso são muito exigentes. Será que tudo isso é viável?

Sem o silêncio exterior não dá para começar. Jesus diz no sermão da montanha: "Quando rezares entra no teu quarto, fecha a porta e reza ao teu Pai que está no oculto" (Mt 6,6). Os outros pontos para uma boa preparação da oração pura e sincera são recomendações que favorecem o descanso durante o exercício e prolongam seus efeitos fora dele. Aqui surge algo essencial, que só por experiência própria pode ser entendido.

A Oração de Repouso em si não exige preparação especial. Respeitando alguns fatores básicos que foram explicitados, podemos exercitá-la onde e quando quisermos. As atitudes que Cassiano recomenda ajudam a mergulhar no repouso mais rapidamente e com menos impedimentos. Mas os efeitos da oração praticada com perseverança são tão fortes, que os resultados mencionados por Cassiano aparecem espontaneamente. Assim mesmo, é claro que muitos iniciantes até hoje perguntam em que podem contribuir para apoiar e agilizar os bons efeitos.

2. A história dos dois monges demonstra profundo conhecimento psicológico. Já havia naquele tempo certos métodos a serem aprendidos?

Os mestres confiavam plenamente na sua intuição e respondiam as perguntas guiados por uma sensibilidade interior. Suas recomendações impulsionam o processo do crescimento individual e fazem com que a vida na presença de Deus se torne permanente. Cassiano também era um excelente terapeuta, sem ter estudado psicologia. Como se vê no monge que vai adiante, o perigo está nos desejos e nas carências que não admitimos, e que trabalham destrutivamente no inconsciente. A arte do orientador espiritual está em torná-los conscientes. Mas essa conscientização acontece também como efeito da Oração de Repouso, num processo interior e silencioso.

3. Como é que a Oração de Repouso pode ser introduzida de um modo adequado e produtivo, quando o tempo disponível é curto?

Se for possível, evitem-se toda agitação e tensão antes de começar. Pois assim é mais fácil entrar em repouso. É bom fazer um momento de relaxamento e respiração. Esses movimentos suaves espontaneamente se tornam oração; não demoram mais de dois a três minutos e abrem as portas para maior profundidade.

4
A alma é como uma penugem

▶ A nossa alma pode ser comparada a uma fina penugem ou a uma asa muito leve. Esta se levanta com a menor aspiração do ar, simplesmente pela sua leveza e pela mobilidade que vem de sua natureza e se eleva até as celestes alturas. Se, pelo contrário, estiver impregnada de umidade ou embebida pela água, já não se levanta carregada pelo ar, mas pelo peso da umidade é puxada ao chão.

Assim acontece com nossa alma. Se ela não estiver embaraçada por compromissos materiais ou por comportamentos impulsivos, naturalmente se eleva pelo menor estímulo orante. Libertada de toda gravidade, a alma pode elevar-se até as coisas celestes.

Por isso o Senhor nos adverte: "Cuidado, para que o vosso coração não se torne insensível por causa da gula, da embriaguez e das preocupações da vida" (Lc 21,34). Se quisermos, portanto, que a nossa oração penetre até o céu, deve haver uma purificação que liberte o nosso espírito de todas as aderências terrestres e de todos os pesos. Só assim a nossa alma pode reconquistar sua leveza natural, e nossa oração se eleva a Deus como por si próprio.

Se o corpo se defende contra algo ofensivo que por acaso tiver ingerido, muito mais a alma rejeita aquilo que prejudica sua natureza. O que pesa e puxa para baixo deve ser removido, para que ela possa elevar-se ao divino conforme sua tendência.

Pela experiência do repouso profundo, principalmente na oração, se desfaz aos poucos o peso que oprime a alma, e ela recupera sua leveza natural.

> Um ímã é conduzido lentamente sobre uma caixa com pregos. Alguns pregos se levantam como se fossem puxados por mão invisível, sem serem tocados pelo ímã. Levantam-se apesar do seu peso e seguem a força que os atrai. As energias magnéticas são mais fortes do que a gravitação. Mas se a caixa tiver pregos enferrujados e colados, estes não se movem tão facilmente como os desenferrujados e desembaraçados.

> No campo da física, Isaac Newton (1643-1727) desenvolveu em 1666 a lei da gravitação, que ele formulou como uma força de longo alcance que atua com velocidade imensa. É a força que penetra até as profundezas do universo e que mantém tudo unido. O fenômeno da falta de peso pode ser percebido naqueles corpos que se movem livremente e sem autolocomoção num campo de gravitação, isto é, no caso da queda livre. A maçã que Newton observou no quintal de Cambridge experimenta essa falta de peso.
>
> Quem deixa cair uma balança, durante bastante tempo verá que o objeto que nela foi pesado não tem mais peso, quando se encontra em queda livre. Balança e peso se precipitam rumo à terra em igual velocidade e não têm mais nada a ver um com o outro.

A força magnética e a gravitação podem ser símbolos da divina força da graça que tudo supera. Ela quer alcançar a criação inteira e com isso todas as pessoas, tornando leve tudo o que pesa e oprime.

No evangelho de São João, Jesus fala da força universal da graça que quer curar, redimir e conduzir ao Pai: "E eu, quando estiver elevado sobre a terra, vou atrair todos a mim" (Jo 12,32). Cristo quer atrair em escala universal todas as pessoas que se abrem para ele, ou melhor, que se deixam mover e conduzir. Com isso, ele introduz a pessoa na convivência com Deus e a liberta das inimigas forças das trevas e da morte.

Isso já acontece na elevação de Jesus, no alto da cruz. Elevada da terra, a cruz aponta para além de si e insinua a subida de Jesus ao mundo celeste e sua glorificação. Jesus Cristo se revela na sua verdadeira natureza divina, quando oferece a todos sua força redentora.

> Assim como Moisés elevou a serpente no deserto, do mesmo modo o Filho do Homem tem que ser elevado, para que todo aquele que nele crê tenha a vida eterna. Porque Deus amou o mundo de tal forma, que entregou seu Filho Unigênito, para que todo aquele que nele crê não venha a perder-se, mas que alcance a vida eterna. Porque Deus não enviou seu Filho ao mundo para condenar o mundo, mas para que o mundo seja salvo por ele (Jo 3,14-17).

A cruz, para São João, já passa a ser o lugar da glorificação e o começo do seu reinado redentor. Jesus, com isso, não somente atrai todos a si na cruz, mas ao mesmo tempo os atrai ao mundo celeste. Jesus Cristo é tanto aquele que atrai como também a meta da atração. O que paralisa a força atrativa do amor de Deus, como, por exemplo, gula, embriaguez ou preocupações da vida, deixa o coração embotado. Tudo isso oprime e perturba a alma e ofusca a visão da essência que em nós quer brilhar.

Falando da vinda do Senhor, Lucas exige o rompimento interior e exterior dos vínculos com o mundo. Nisso estão incluídos os cuidados de cada dia que dominam muitas pessoas. O que Lucas diz referindo-se ao fim, Cassiano aplica à oração na qual o Senhor quer se doar a nós. Nada, portanto, nos deveria ligar ou amarrar ao mundo de tal maneira que a nossa alma não possa elevar-se na oração a qualquer hora e orientar-se para Deus. Com isso, o orante vai ao encontro do desejo divino e se abre a seu amoroso advento.

> Do Abade Titoe se conta: Quando ficava de pé em oração sem baixar logo as mãos, o seu espírito era arrebatado. Quando acontecia de alguns irmãos rezarem com ele, apressava-se em baixar as mãos, para que sua visão não lhe fosse arrancada e ele causasse embaraço.

Teresa de Ávila (1515-1582) chama esse impulso da alma de "elevação do espírito" e "voo espiritual".

- A elevação do espírito é ação do amor divino que inflama a alma por dentro. Soube claramente que a elevação é uma graça especial... Mas quem ainda não teve uma experiência nesse sentido achará minhas palavras pura bobagem.

- Voo espiritual é algo que se eleva do interior da alma – não sei como poderia ser chamado... Parece que o espírito se eleva com a leveza de um passarinho, se liberta da escravidão da carne e escapa da prisão do corpo. Assim libertado, torna-se mais apto a desfrutar das graças com que o Senhor o enriquece. Este voo espiritual é algo muito elevado e precioso.

- Mas uma coisa é verdade: com a mesma velocidade com que a bala sai do cano, algo no interior da alma se atira para o voo – não acho outra comparação – que acontece em silêncio, mas não deixa de causar um impulso perceptível, de modo que não pode ser coisa imaginada.

Perguntas e respostas sobre este capítulo

1. **Muitos renovadores espirituais colocaram-nos metas diante dos olhos que o homem comum nunca pode alcançar na vida. Será que Cassiano não corre o perigo de superestimar os efeitos da Oração de Repouso e de apontar metas que parecem utópicas?**

A pergunta é razoável e é feita por muitos. De um lado, a saudade de Deus não pode ter limites. Deve haver renovadores que no seu tempo adaptam e concretizam as mensagens de salvação e esperança do Novo Testamento. Vendo as metas de oração que Jesus nos propõe, as de Cassiano até parecem modestas. Em todo caso, é importante não estagnar na rotina do cotidiano, mas pôr-se em marcha sempre de novo e motivar-se para um caminho espiritual.

Por outro lado, muita coisa fica na especulação e teoria, se não tivermos experiências ao menos iniciais nesse sentido. Um processo verdadeiro de individuação e integração só acontece no andar de um caminho espiritual que exige constante êxodo e que une de um modo salutar a noção das coisas e a experiência.

2. Há muitos que ficaram sem chão depois de entrarem numa oração que liberta do peso da gravidade e faz ingressar em outras dimensões da realidade. Quem sabe disso será que não entra na Oração de Repouso com medo?

Perturbações e doenças dessa natureza surgem somente quando a pessoa não atenta para as orientações atualizadas ou quando acha que pode andar sem guia. O perigo é de pegar textos antigos escritos por monges para monges, e aplicá-los diretamente. As orientações dadas na introdução deveriam ser respeitadas. Principalmente o aviso de manter o tempo de oração de vinte a trinta minutos no máximo, duas vezes por dia. Esse tempo relativamente curto é mais eficiente do que fazer algo exagerado. Emanuel Jungclausen, abade do mosteiro beneditino de Niederaltaich, exímio conhecedor do hesicasmo, adverte na introdução do livro por ele editado, *Relatos de um peregrino russo*:

> O iniciante na vida espiritual, que busca a Deus e se põe a caminho da Oração de Jesus sem um acompanhamento personalizado, leve em conta a seguinte advertência: parece que o livro sugere um caminho curto e ligeiro para Deus. Porque o peregrino alcançou experiências místicas em tempo relativamente curto. Mas isso vale em primeiro lugar para ele que,

purificado por destino fatal, em longa procura espiritual foi conduzido por Deus para a vida de peregrino e a Oração de Jesus. Para nós, convém considerar a Oração de Jesus como subida lenta e paciente até Deus. Trata-se de começar com prudência, reservando diariamente um espaço curto de tempo para o exercício, de sete a dez ou quinze minutos, que depois podem crescer até trinta minutos, uma ou duas vezes ao dia.

5
O que faz a alma ficar pesada

▶ Muita gente se perde em futilidades e nem sabe das consequências fatais. Muitos pensam que esse modo de proceder não prejudica ou até veem nele vantagem. Mas acontece o seguinte: se a pessoa, por própria culpa, cai em alguma dependência, esta vai pesar sobre a alma e tirar-lhe a força de elevar-se, puxando-a para baixo e separando-a de Deus.

Se não nos libertamos de más inclinações, se não formos sóbrios perante as paixões, tudo isso vai pesar sobre o nosso coração de um modo perigoso e nocivo. A tradição dos padres do deserto mostra que até os iniciados nesse caminho espiritual podem cair em inquietações causadas por cobiça de poder e de posse. Eles declaram: tudo o que passa das necessidades vitais cria inquietações e nos prende de novo aos cuidados deste mundo. Se, por exemplo, lutamos por um estilo de vida opulenta, levados por prestígio e vaidade, se estamos atrás de vestuário excessivo ou então desejamos uma casa maior e com mais luxo, seja por comodidade ou por vaidade humana: sempre favorecemos a força que destrói os verdadeiros valores e bloqueia o crescimento espiritual.

Existem comportamentos que nos desviam do caminho por pouco tempo. Mas se a pessoa se alertou e entendeu que entrou num beco sem saída, ela vai mobilizar todas as forças para voltar atrás. A alma pesada pode se levantar de novo. Pelo arrependimento e pelo apoio da Oração de Repouso ela pode libertar-se de tudo o que a segurava no chão.

Pior é a situação daquele que entrou numa dependência que, por ser um lento processo, nem foi percebida. Se ele for questionado a respeito disso, costuma dizer que tudo está bem e aponta para os outros. Esse apego a algo ou a alguém muitas vezes tem consequências devastadoras que até levam outros ao abismo. Todo tipo de dependência criada por nós mesmos pesa na alma, tira-lhe a força de elevar-se, prende-a no chão e a separa de Deus.

Johannes Kolobos conta uma história que nos pode abrir portas para sairmos da escuridão:

> Numa cidade vivia uma mulher bonita e atraente que tinha vários amantes ao mesmo tempo. Um dia encontrou um alto funcionário que percebeu seu verdadeiro caráter e falou: "Prometa-me emendar sua vida e eu a recebo por minha mulher". Ela prometeu-lhe, e ele a levou para sua casa. Os amantes, porém, procuraram por ela, até que a acharam. Tinham grande desejo por ela, mas temiam seu marido. Por isso, criaram uma artimanha: se formos até ela, o funcionário vai brigar e nos punir. Mas se assobiarmos, como fazíamos, ela vai vir até nós. Quando a mulher ouviu o costumeiro assobio, tapou os ouvidos com cera, fechou as portas e correu para o interior da casa.
>
> A mulher é a alma. Os amantes são as seduções. Os que assobiam são as forças destruidoras que se opõem a Deus. O funcionário é Cristo. Quem leva a alma para o interior da casa é a Oração de Repouso.

Outros perigos que o cotidiano traz são os cuidados demasiados com o sustento diário. Quanto mais os problemas do mundo se impõem, tanto mais o orante deve lembrar-se de que está cercado pela graça divina o tempo todo. É preciso tomar cuidado para ficar acordado por meio da oração. Quem se interessa só pela vida mundana e pelo gozo, não dá lugar ao divino em sua vida.

> Um irmão pergunta ao Abade Tithoe: "Como posso guardar puro o meu coração?". Ao que o ancião responde: "Como podemos guardar nosso coração, se a boca e a barriga estão abertas?".

Os cuidados que nos enlaçam com o mundo podem expressar-se assim: a pessoa se liga a outra criatura de maneira tão estreita e doentia, que já não pode desligar-se dela. Também um grupo social pode exercer tanta cobrança que os membros perdem sua individualidade e já não sabem quem são. Podem ficar sem chão e nem perceberem que são absorvidos por forças alheias negativas.

O Abade João Kolobos, ele mesmo vítima de fanatismo religioso quando jovem, conta um evento tocante que o levou ao entendimento.

> Conta-se do Abade João Kolobos que ele falou um dia a um irmão mais velho: "Quero viver sem cuidados, como os anjos que não têm preocupações: eles não trabalham e servem a Deus sem parar". Ele se despiu de sua veste e foi ao deserto. Depois de passar uma semana ali, voltou ao seu irmão. Quando bateu na porta, o irmão o reconheceu logo e disse: "Quem é você?". Ele respondeu: "Sou João, seu irmão." O irmão respondeu: "João se tornou um anjo e já não pertence aos homens". Ele implorou: "Sou eu mesmo!". O outro não abriu, mas o fez ficar até de manhã nessa aflição. Só depois abriu a porta e falou: "Se você é homem, deve trabalhar para achar alimento". João se arrependeu e falou: "Perdoe-me".

Muitas pessoas são vítimas de fanatismo, tanto em nível religioso como em nível político e econômico, sendo totalmente manipuladas. A Oração de Repouso, na qual se treina primeiramente a arte de desprender-se e entregar-se, confere maior liberdade interior e exterior e faz enxergar vínculos e dependências, ajudando a desfazê-los, sem que outros sofram com isso.

PERGUNTAS E RESPOSTAS SOBRE ESTE CAPÍTULO

1. **Quando existe um reconhecimento do próprio erro, pode haver mudança e correção. Mas se a pessoa for dependente**

de álcool, drogas, sexo e jogo, sem aceitar a realidade, como é que pode reconhecer o mal e mudar para o bem?

Por si mesma, ela dificilmente vai reconhecer tal dependência. E mais difícil será a tentativa de parar com ela. A experiência mostra que as iniciativas de convencimento de outros também estão fadadas ao fracasso. Cassiano enumera fatores que podem oprimir a alma e espera que a pessoa perceba por si mesma onde existe uma dependência. Ele tem certeza de que, pelo uso da Oração de Repouso, os próprios erros são percebidos e criam-se as condições para evitá-los. Os laços da dependência se soltam, e diminui a tentação de cair em outras.

Tal promessa de Cassiano pode parecer irrealista, mas a história mostra, pelos efeitos, que a Oração de Repouso desenvolve a personalidade. As forças vitais que são liberadas e a graça acompanhante fluem para onde a carência é maior. Mas isso só acontece com a prática da oração por um período maior.

2. Como a pessoa que é dependente de outra pode reconhecer que o mundo da fé é diferente e mais sensato do que o mundo dos homens?

Este reconhecimento dificilmente se dá no nível filosófico e teológico. Em primeiro lugar, a pessoa precisa fazer experiências de fé, a fim de aprender que para isso não dependeu daquele ou daqueles que o vivem prendendo. Aqui não se refere a crianças, doentes e velhos, que são dependentes de pais ou do próximo. "Se foi para a liberdade que o Cristo nos libertou" (Gl 51), esta libertação deve acontecer enquanto estamos a caminho dele. Todo mundo é capaz, tanto na oração como no trabalho, de colocar o Cristo diante dos olhos e dentro do coração, seja como for o seu passado. Quanto mais as experiências de Deus crescerem, tanto mais cresce a vontade de descobrir a Deus. Para progredirmos com segurança e para que não falte correção e confirmação, o saber teológico não pode faltar. Quem busca a Deus sente que só experiência e saber em boa harmonia podem fazê-lo progredir no seu caminho para Deus.

6
Do perigo do trabalho agitado

▶ As maléficas forças contrárias sempre de novo nos empurram para exageros e são a causa de múltiplas desordens.

Um abade experimentado e preparado passou um dia perto da morada de um irmão que sofria de uma moléstia da alma, um misto de inquietação, cobiça e desequilíbrio. Esse irmão trabalhava todo dia sem descansar, com muita fadiga, para produzir coisas supérfluas, para melhorar o seu poder aquisitivo e para aumentar sua posse. Já de longe o abade observou como o irmão se cansava para despedaçar um rochedo com uma marreta. Um vulto preto estava atrás dele, entrelaçando suas mãos com as do monge. Esse mandão intruso estava aí com tochas ardentes, forçando e instigando o irmão a um esforço cada vez mais exagerado.

O abade ficou muito tempo parado e admirou-se da perfídia com que poder sinistro e enganador estava agindo. Mesmo em fases de grande cansaço, não dava folga àquele que estava movido por fúria agitada, de modo que esse não tinha condição de ver a torpeza e a vergonha de sua trabalheira.

Finalmente, o ancião foi tocado pela astúcia cruel do demônio para ir até a casa do irmão. Depois de saudá-lo, perguntou: "O que está fazendo?". Ao que o outro falou: "Queremos lavrar essa pedra duríssima, mas até agora não conseguimos quebrá-la". O abade respondeu: "Com razão diz não conseguimos, pois não estava sozinho nesse seu trabalho. Outro estava com você e você não o viu. Mas ele não queria ajudá-lo. Com fúria violenta o instigava cada vez mais e o destruía".[1]

---

[1] O estranho acompanhante simboliza o crescimento insano, o poder constrangedor que há na corrida pelo supérfluo e por vantagens materiais. A

O primeiro extremo

Cassiano estica um arco muito largo começando com a alma, que se compara com a penugem, e que vai até o monge cuja alma ameaça cair em pedaços sob o trabalho furioso. Ele quer pôr à vista toda depressão, moléstia e fadiga doentia que pode pesar na alma e, em seguida, mostrar a necessidade de um equilíbrio sadio. O monge cegado pela furiosa trabalheira usa o plural, e o observador já sabe: ele não está só.

A pessoa humana se encontra entre dois polos, e é no meio dos dois que deve encontrar seu equilíbrio. Se um dos dois ganha mais peso, está em perigo o repouso no seu próprio centro vital e, com isso, o repouso em Deus. Assim, ganha entrada um poder estranho que destrói a sua vida interior. Forças nocivas estão sempre em ação, provocando exageros, com a intenção de tirar o homem do seu centro e fazê-lo cair.

> O que ganha o homem com todos os trabalhos e preocupações que o afadigam debaixo do sol? Toda a sua vida é sofrimento, sua ocupação um tormento; nem mesmo de noite repousa o seu coração (Ecl 2,22-23).

O perigo de perder o equilíbrio e o repouso do espírito e da alma está indicado de modo admirável por esse arco que se estende desde a penugem carregada de umidade até a fúria cega do monge dominado pelo poder estranho. No fundo, todas as pessoas estão sujeitas a esse tipo de perigo, independentemente do que fizeram ou deixaram de fazer. Todos sofrem com essas forças contrárias que se opõem a uma oração pura e sincera.

---

vida normal procura desenvolvimento constante – que não é algo forçado –, onde cresce a responsabilidade. Competição sadia não se questiona.

O ser humano e sua sombra

Cassiano quer que o iniciante na Oração de Repouso se conheça melhor antes de começar. Ele deve se perguntar: Afinal, quem sou eu atrás de todas as máscaras que não só a vida, mas eu mesmo coloquei sobre mim? Fugir daquilo que sou não vai trazer nada de bom para mim nem para os outros. Só podemos parar de fugir, vencer o medo e livrar a vida reprimida do cárcere do inconsciente, se nos confrontarmos com a nossa própria sombra, acolhendo-a assim como é. Essa vida recusada pelo "eu", esse meu lado repelido e separado, quer fazer parte de mim. Se for rejeitada, nascem do inconsciente sinais de transtorno que perturbam a vida: fúria de trabalho, fuga, amargura, irritabilidade, depressão, frieza...

Muitas pessoas têm medo do irmão escuro de sua vida e se fecham contra ele. Elas se cercam de regulamentos e se controlam sem parar, para que essa força danosa que lhes causa horror não as desencaminhe. Mas esse medo não traz a vida em plenitude, da mesma maneira que a fuga diante da realidade.

> Um homem descobriu um dia que tinha uma sombra. Foi sobressaltado de tanto medo que correu para desfazer-se da sombra. Depois de alguns dias, ainda em fuga, suas forças se acabaram e ele caiu morto. O que é que poderia ter feito para perder o medo da própria sombra? Poderia ter entrado na sombra de uma árvore grande para descansar. Teria percebido que a árvore assume a sua sombra. Quanto mais o Cristo há de acolher e transformar a nossa sombra, se repousarmos junto dele e invocarmos o seu nome.

A Oração de Repouso é uma parada. Já não é o próprio eu com suas sombras e virtudes que interessa, mas, sim, o Cristo com sua direção voltada a Deus. E aqui acontece no silêncio o que é o essencial: o caminho para Deus é desobstruído de todos os impedimentos. Devagarzinho, no passo que nos é próprio e sem causar medo, as sombras escuras são postas em liberdade e vêm à luz. Assim nos tornamos conscientes dessas partes de nossa vida e podemos acolhê-las e transformá-las. Carl Gustav Jung falou: "Só podemos transformar aquilo que acolhemos".

O outro extremo

Há pessoas que fizeram experiências boas e excelentes no seu caminho espiritual, mas que sempre querem ir além. Isolam-se do mundo e se dedicam somente à vida mística para alcançar tudo.

> O Abade Antônio falou: Um dia, quando me encontrava com o Pai Arphat, veio uma virgem e falou: "Pai, eu jejuei duzentas semanas, comendo só de seis em seis dias, e aprendi o Antigo e o Novo Testamento. O que me resta fazer?". O velho falou: "Você acolhe a repreensão como acolhe a honra?". Ela disse que não... "Acolhe o fracasso como a vitória, os estranhos como os pais, a penúria como a abundância?". Ela disse que não. O ancião falou: "Então engana a si mesma. Vá trabalhar, pois ainda não tem nada".

O EQUILÍBRIO DO MEIO: ORAR E TRABALHAR

Todas as vidas estão situadas entre polos que se atraem ou se chocam, que mudam durante a vida, mas que se desfazem mais ou menos somente com a morte. Esses polos se dispõem em pares: homem e mulher, nascer e morrer, verão e inverno, alegria e luto, tensão e distensão, compromisso e liberdade, contemplação e ação, juventude e velhice, tradição e progresso, oração e trabalho, céu e terra, repouso e atividade, noite e dia e outros mais. A arte de viver está em aguentar a tensão entre os dois polos. Não devemos ser absorvidos por nenhum dos dois, e sim temos que encontrar um equilíbrio, para conservar a saúde e estar bem com o próximo, com a mudança da criação e com o Criador.

A Oração de Repouso contribui muito para refazer um equilíbrio atrapalhado e para desfazer comportamentos extremos.

Assim, a pessoa pode mergulhar no descanso que é próprio dela para ali encontrar o Criador. A Oração de Repouso concilia a experiência de profundo descanso com elevada atividade criativa. Essa simples maneira de rezar que harmoniza com a vida ativa, traz a experiência de extremos – como descanso e atividade – que em pouco tempo se revezam e deixam seus rastros positivos. O beneditino Bede Griffiths finaliza seu livro *Mensagem do deserto* sobre Cassiano com as seguintes palavras:

> Ascese e contemplação não nos retiram necessariamente do mundo. É bem verdade que todos precisamos da vida "na solidão", a solidão do coração, indispensável para aquele que busca a Deus, pois esse é o lugar do encontro com Deus face a face. Mas essa solidão não precisa ser procurada no deserto. Ela pode ser encontrada na grande metrópole cheia de gente, a toda hora e em todo lugar.

PERGUNTAS E RESPOSTAS SOBRE ESTE CAPÍTULO

1. **Parece muito fácil trocar a inquietação pelo repouso como único remédio. De onde afinal a pessoa vai buscar o repouso, se ela estiver totalmente penetrada pela inquietação e, além disso, não tiver base religiosa?**

Somente a pessoa que fizer pausas no seu cotidiano agitado e permitir folga ao corpo e ao espírito pode encontrar o seu ponto de equilíbrio e permanecer nele. Só a partir desse centro pessoal é que pode nascer uma atividade criativa bem-sucedida. Assim como o homem corre até morrer, fugindo de sua sombra, do mesmo modo acontece a muitos na vida profissional ou na vida pessoal. A inquietação se expande cada vez mais, e a vítima acaba perdendo até o sono. Não demoram a aparecer sintomas fatais que causam tremendo sofrimento. Mas existe uma voz interior que em tempo dá o alerta para que não entre num beco sem saída. Se a pessoa ignora essa voz ou o conselho de amigos ou médicos, estes terão que assisti-la correr de encontro ao abismo.

Se o indivíduo estressado tiver o mínimo de noção, vai entender que o remédio está no contrário, no repouso. É pena que muitos tomem remédios psicofarmacêuticos que seriam dispensáveis, se obedecessem à natureza. É claro que a pessoa que vem de forte pressão quase doentia não pode simplesmente começar com a Oração de Repouso. Seria querer demais. Nesse caso, principalmente se essa pessoa não tiver base religiosa, recomenda-se começar com exercícios de respiração bem dirigidos, que têm por finalidade o relaxamento e o alívio. Mas é preciso exercitar-se de 10 a 15 minutos por dia. Aos poucos se abrem portas, e a pessoa percebe a necessidade vital do cultivo do descanso e do equilíbrio.

Daí é só um passo para outros exercícios que trazem alívio e descanso. Já que existe interação entre corpo, espírito e alma, o que serve para um, serve para o outro: com pouco tempo será acordado o desejo de procurar algo na área espiritual ou mística. Por meio disso, muitas pessoas se tornam religiosas e reencontram a essência de sua própria religião.

2. É necessário conhecer e analisar o lado sombrio, a sombra de sua vida, para poder ser iniciado na Oração de Repouso?

De maneira nenhuma. A Oração de Repouso não tem nada a ver com análise psicológica ou com psicologia de profundeza. Mas o efeito dela é integral, e ela age tanto sobre o lado físico como sobre o lado psicológico da pessoa. Se o aluno mantém os recomendados tempos e regras que no início do curso são indicados, não se deve preocupar com outra coisa a não ser devolver ao Criador uma pequena parte do tempo de sua vida. Tudo o mais, como auto-observação, análise, expectativa e direcionamento próprio, representa intervenção num processo que se desenvolve e prossegue por si mesmo, de maneira natural.

Os exemplos somente querem descrever o oculto caminho interior da Oração de Repouso, demonstrar os perigos que o cotidiano traz em si e, sobretudo, indicar a necessidade de uma oração que alivia, liberta e cura.

7
Impressões precisam ser articuladas

Devemos prestar atenção para não nos expormos demasiadamente a estímulos e impressões, de modo especial quando nosso sistema nervoso sinaliza transtornos. As impressões recebidas têm que ser trabalhadas; só assim podem ser resolvidas. A pessoa adoece se não puder expressar-se, se não puder passar de alguma forma adiante o que recebeu ou simplesmente se desfazer disso. É verdade que muita coisa se expressa ou se trabalha em sonhos, mas esse processo não basta para aliviar o sistema nervoso e a consciência de todas as impressões que nos dominam.

O primeiro passo de todo caminho místico é a purificação. A Oração de Repouso, como primeiro efeito, liberta o orante de todos os bloqueios e impedimentos e prepara o caminho para uma interioridade maior e mais profunda. Todo obstáculo tem que ser removido, para que o lugar de encontro com Deus se torne acessível.

> Um irmão perguntou um dia ao Abade Poimen: "Por que não posso falar abertamente com os anciãos sobre os meus pensamentos?". O velho respondeu: "João Kolobos falou: 'O maior prazer do demônio é quando a pessoa não revela os seus pensamentos'".[1]

A Oração de Repouso ajuda de maneira suave e maravilhosa a dissolver contrações, a expressar impressões e a dar vida ao que

---
[1] Palavras dos antigos.

não é vivido. Muitas pessoas, tanto jovens como velhas, não são capazes de expressar ou de externar aquilo que as impulsiona ou oprime. Existem terapias de expressão verbal, psicoterapia e outras formas de curar as almas que são uma grande bênção. Mas a experiência mostra que muito sofrimento da alma e também do corpo pode ser diminuído ou evitado, se a pessoa em tempo começa a cultivar a vida de oração, pois com isso acerta o acesso à fonte da própria existência e do Criador.

> Se for afligido por pensamentos impuros, não os esconda, pelo contrário, manifeste-os ao seu pai espiritual para destruí-los. Porque os pensamentos aumentam e se fortificam na medida em que são escondidos. A serpente que sai do esconderijo logo escapa. Assim também o pensamento: quando é manifestado, logo desaparece. Assim como o cupim destrói a madeira, o mau pensamento destrói o coração. Quem revela seus pensamentos logo é curado. Mas quem os esconde adoece de orgulho.[2]

PERGUNTAS E RESPOSTAS SOBRE ESTE CAPÍTULO

1. É preciso ter tão grande fôlego e investir tanto tempo para aprender a Oração de Repouso?

Quem quiser trilhar esse caminho tem que garantir as condições necessárias. É verdade que existem escolas de oração mais concisas que com poucas palavras se limitam ao essencial. Mas Cassiano quer introduzir o orante lentamente no mistério da Oração de Repouso. Por ora não, multiplica orientações concretas, porque prefere testar:

- se o desejo do indagador de penetrar no âmago da oração é sério mesmo,
- se a pessoa tem capacidade de perseverar,

---

[2] Palavras dos antigos.

- se está disposta a renunciar à sua vontade própria,
- e a dar o passo seguinte de maneira confiante e sem hesitar,
- se ela consegue vencer a impaciência e a precipitação, sabendo esperar o momento certo.

2. Assim como ninguém pode deter o vento, do mesmo modo é impossível frear a ida e volta dos pensamentos. Mas o que acontece, se a maioria dos pensamentos não pode ser expressa ou verbalizada?

Pesquisas fisiológicas mostraram que sonhar é necessário para viver, tanto faz se o conteúdo sonhado se torna consciente ou não. Numa clínica de sono, as correntes cerebrais foram medidas. As pessoas observadas eram acordadas toda vez que o encefalograma indicava fases de sonho. Dessa maneira, o sonho do indivíduo pôde ser impedido por vários dias. Resultado: as pessoas mostravam falta de orientação e adoeciam no corpo e na alma.

A mesma coisa acontece com a atividade cerebral na fase acordada. Pensamentos devem ser permitidos e, se for possível, verbalizados ou expressos de forma individual. Se a pessoa for impedida de realizar-se, fica doente e torna-se um peso para si e para os outros. É assustador o número de pessoas que sofrem porque os seus talentos não foram reconhecidos ou favorecidos e nem elas mesmas tomaram consciência deles. Muitas não têm a chance de empregar as capacidades e a alegria daí resultante para o bem dos outros. Não raro, o desemprego, e com isso a sensação de não servir para nada, leva a grandes perturbações na personalidade.

Os exemplos mostram que é de necessidade vital expressar-se e assim sair de si mesmo. Mas não poucos se resignam diante da vida, não manifestam o que pensam, pelo contrário, se reprimem, e assim sua alma adoece. Cada vez mais urgente é a tarefa da Igreja de resgatar os marginalizados que emudeceram, calando palavras e atos. É importante acordar os anseios profundos nas pessoas e mostrar caminhos fáceis para expressá-los.

8
Condições para chegar à essência da oração

Orígenes (185-254) fundou uma escola de oração. Seu saber foi retomado por Evágrio (345-399), que por sua vez transmitiu esse tesouro a seu aluno Cassiano. Pois Orígenes fala de condições concretas que deveriam introduzir e acompanhar a oração essencial. Essas condições eram outrora conhecidas por todos, mas nem sempre mencionadas. *Então*, já que esse saber precioso em parte se perdeu, seja colocado aqui da maneira como Orígenes ensinava.

A disposição interior do orante

A oração precisa de boa preparação. Por isso é aconselhável que a pessoa faça uma parada antes do horário de oração para se predispor. O quanto for possível, seja deixado para traz tudo o que perturba os pensamentos e distrai da oração. A expectativa daquilo que nos espera – o grandioso ao qual nos aproximamos – pode nos ajudar a desfazer toda mediocridade, moleza e indiferença. Nesse recolhimento, pelas nossas mãos abertas, como que dilatamos nossa alma diante de Deus. Pelos olhos fechados, nosso espírito pensante se entrega totalmente a Deus. Ficando de pé para interiormente nos erguermos, elevamos nossa mente presa à terra para o Senhor que criou o cosmo universal. Esse impulso para o alto, que vem do íntimo ser, inclui tanto o perdão de toda injustiça sofrida, a reconciliação, como também o desejo de ser perdoado de toda falta contra Deus, contra as pessoas de nossa convivência e contra o bom senso.

A posição do corpo

São Paulo diz: "Os homens orem em todo lugar, levantando as mãos santas, sem ira nem discussões" (1Tm 2,8). Com isso, ele se refere não somente aos sentimentos e pensamentos obscuros, mas a tudo que impede a abertura para Deus, inclusive toda atividade mental. A "elevação das mãos puras" não é um movimento externo, mas aponta para a disposição interior do orante.

A posição do corpo, com as mãos estendidas e abertas, é de quem espera receber. Assim, o corpo espelha o estado da alma em oração. Rezamos sentados ou – no caso de doença – deitados. Se no trabalho ou em viagem não pudermos retirar-nos, é possível orar somente no íntimo, sem chamar atenção. Todas as formas exteriores de oração só têm valor, se também expressarem a condição interior do orante. A inclinação ou genuflexão significa que reconhecemos a Deus, doador do perdão e da salvação, como o Altíssimo e que em tudo dependemos dele.

- Por isso, dobro os joelhos na presença do Pai, a quem toda família no céu e na terra deve a existência (Ef 3,14-15).
- Para que ao nome de Jesus se dobre todo joelho de quantos há no céu, na terra e nos abismos (Fl 2,10).

O lugar da oração

Seja onde for, todo lugar se presta para a oração. No entanto, para apoiar o repouso e a interioridade e para excluir toda distração, se procure para a oração o lugar mais calmo e mais "santo" na casa. Deve-se prestar atenção em qual foi a história desse lugar, se por acaso

- aconteceram desavenças,
- se foi praticado mal aos outros,
- se foi tirada vantagem em prejuízo dos outros,

- se foi violada a lei da natureza,
- se aconteceu algo que pesa negativamente sobre o lugar.

Um peso dessa natureza oprime o orante, que gostaria de abrir-se para Deus e que muitas vezes está exposto a forças negativas sem o saber, e ao mesmo tempo atinge a própria oração, sua calma, sua profundidade e interioridade.

Outra coisa muito sutil: Quem quiser rezar no quarto de casal, não o faça sem falar abertamente com o parceiro, para que "de comum acordo e por algum tempo vos entregueis à oração" com toda liberdade, como diz o apóstolo em 1Cor 7,5.

Oração em comum

Se várias pessoas se encontram para a oração, cria-se um ambiente especialmente favorável. O grupo, "estando reunido em assembleia com o poder de Nosso Senhor Jesus Cristo" (1Cor 5,4), sente o auxílio de bons poderes, também chamados de anjos. Além disso, se acrescentam, como a experiência mostra, vibrações benfazejas que partem tanto dos vivos como dos defuntos. Assim se cria uma "dupla comunidade": a dos homens e dos anjos, uma maravilhosa comunhão que foi congregada "no mesmo pensar e no mesmo sentir" (1Cor 1,10) e que forma "um só corpo em Cristo" (Rm 12,5). É importante não se expor a poderes nocivos por escolha inconveniente, porque pessoas assim dominadas não têm parte na dimensão revigorante e construtiva. Se várias pessoas dessa natureza se encontram no grupo, gente com más intenções e forças negativas que visam somente ao lado comercial, então se cria um ambiente totalmente funesto. Até mesmo se multiplicam as forças que se opõem a Deus.

Uma vez que for dado espaço ao princípio do mal, ele há de dominar sem desistir. Os restantes, mesmo com toda boa vontade, não terão poder contra essa negatividade compacta. As pessoas dominadas por tal poder alienante estão "desamparadas de todos os bons espíritos" e perdem inevitavelmente sua vitalidade sobrenatural. Existem exemplos de grupos e até de povos inteiros que foram desencaminhados ou continuam desviados por metas funestas, por fanatismo ou por ditaduras. Suas supostas conquistas lhes serão tiradas de maneira dolorosa e trágica.

Devemos ser orientados

A orientação geográfica na oração não deve ser subestimada. Nascente (ou oriente) e poente têm um significado especial por causa do nascer e do pôr do sol. O bom senso nos diz que na oração é bom inclinar-se na direção do "Sol nascente", que, "vindo ao mundo, ilumina todo homem" (Jo 1,9 e Lc 1,78), e expor sua alma a ele. A luz verdadeira e o sol incontestado é o Cristo que ilumina a alma. Quando Judas, na ceia, havia tomado o bocado de pão, logo saiu. "Era noite", porque com ele já não estava aquele cujo nome é "Oriente". Ao sair, Judas tinha abandonado o Sol da Justiça (Jo 13,30).

> Mas para vós que temeis o meu nome brilhará o Sol de Justiça que traz a cura em seus raios (Ml 3,20).

É compreensível que, não havendo abertura para o nascente, a pessoa prefira voltar-se na direção de uma janela com vista para o céu, em vez de olhar a parede. As casas, com suas portas e janelas, têm planejamento funcional, enquanto a direção para o sol é natural. Portanto, não interessa o olhar para o céu e, sim, a orientação interior, mesmo que haja paredes grossas entre o orante e o lugar do nascente.

> "É preciso madrugar mais que o sol para te dar graças e, desde o raiar do dia, te encontrar" (Sb 16,28).

O tempo

É bom retirar-se três vezes ao dia para a oração pessoal: se for possível, de manhã ao nascer do sol, de noite, quando o sol se põe, e ao meio-dia, sempre antes das refeições. Daniel, apesar do perigo de vida, faz sua oração três vezes ao dia (Dn 6,14).

- "É a ti que eu suplico, Javé. De manhã ouves minha voz; de manhã te apresento minha causa e fico esperando" (Sl 5,4).
- Pedro subiu ao terraço para orar por volta do meio-dia (At 10,9).
- "Suba minha prece como incenso em tua presença, minhas mãos erguidas como oferta da tarde" (Sl 141,2).

Se estes horários não puderem ser cumpridos, qualquer outra hora serve. É melhor rezar só uma vez ao dia do que não rezar de jeito nenhum.

PERGUNTAS E RESPOSTAS SOBRE ESTE CAPÍTULO

1. **Qualquer oração muda de acordo com a disposição interior do orante. Para a Oração de Repouso vale a mesma coisa ou será que ela fica fora dessa regra?**

Um escalador de montanha tem o desejo e a meta declarada de chegar ao topo. Só que existem caminhos diferentes para chegar ali. Sem pensar muito, ele escolhe o primeiro que encontra e parte. Devido ao grande cansaço, perde a disposição e volta para trás. Também o medo de não poder enfrentar certas situações o faz voltar. Ir sozinho é sempre arriscado. Para alcançar sua meta, teria sido melhor fazer um plano detalhado e consultar um experimentado guia de montanha. Este tem condições de mostrar-lhe o caminho mais seguro e mais ligeiro para o pico da montanha e eventualmente acompanhá-lo na primeira subida.

Escalar uma montanha é diferente de passear e desfrutar a natureza ou talvez uma bela vista. Mas quem sente o desejo de experimentar um mundo novo, com horizontes vastos e conhecimentos profundos, vai partir para a montanha e para o topo da experiência de Deus – seguindo sua saudade – com um guia experiente que em última análise é o Espírito Santo.

2. Uma oração espontânea, nascida de uma situação concreta, tem efeito diferente de outra preparada com zelo?

Uma oração preparada com zelo não exclui a espontaneidade. Esta nasce muitas vezes de um coração mais verdadeiro e vale mais do que a oração feita de propósito. Mas Cassiano, com sua escola de oração que nos prepara e exercita, quer nos ver avançando, tendo acesso à profundeza do nosso coração e a uma consciência mais ampla.

3. Será que a oração sincera perde o valor, quando é feita "na direção errada" ou num local carregado por acontecimentos sinistros?

Se o orante tiver consciência da tragédia do local, certamente inclui a situação na sua oração para curá-la. É exatamente essa a intenção que os mosteiros carmelitanos assumiram como tarefa essencial no local dos antigos campos de concentração de Dachau, Plötzensee e Auschwitz. Mas muitas vezes estamos tão sobrecarregados com nossos próprios problemas, que não temos condição de assumir a desventura de outras pessoas em nossa intercessão. Então, é preferível procurar locais onde a oração foi bem cultivada e continua forte, para ganhar estabilidade de alma. Na maioria das culturas, ritos e orações começam na direção do oriente, onde nasce a luz. O coro das Igrejas cristãs também aponta para o nascente. Isso tem não somente um caráter simbólico, mas também apoia e fortalece a oração.

9
Entrega a Deus

Na Oração de Repouso

- nos entregamos a Deus. De todo o coração, nós nos colocamos em suas mãos e confiamos nele.
- renunciamos a todas as dependências do mundo, não sendo ativos nele. Pela entrega do coração, nós nos abrimos a Deus, vivendo só para ele,
- experimentamos a pobreza de espírito, já que não nos apegamos nem a bens materiais nem ao reconhecimento dos outros,
- renunciamos ao desejo sexual e nos tornamos livres de impaciência,
- entregamos todos os sentimentos fortes como a irritação, a ira, a melancolia e a tristeza.

Se fizermos o propósito de entrar na Oração de Repouso e depois não entramos, ou se, por preguiça, a fazemos de um modo relaxado e caímos em velhos erros, nos tornamos devedores. Uma vez que sentirmos a importância e os largos efeitos dessa prática para nós e para os outros, não precisaremos de outros impulsos para continuar nesse caminho.

Com razão surgirão as perguntas:

- Esta confiança no Senhor, como funciona na prática?
- Como é possível não ser ativo, especialmente em pensamentos?

- Como é possível não ter anseios e fugir da impaciência inevitável?
- De que modo podemos desfazer-nos de sentimentos fortes que tomaram conta de nós?

Essas e semelhantes perguntas são as mesmas que os alunos sempre de novo faziam aos padres do deserto. Só aos poucos, e de um modo hesitante e cauteloso, eles introduziam nos mistérios da oração aqueles que procuravam a Deus.

10
O silêncio

A Oração de Repouso significa para nós que o orante abandona a si mesmo – e com isso o seu querer, seus projetos, suas expectativas e até os seus pensamentos – e confiantemente se entrega ao Senhor. Esta confiança total no Senhor precisa ser ensaiada e não pode ser comandada pela vontade. Tudo o que até então impedia a capacidade de entrega agora vai dar lugar ao silencioso repouso diante de Deus. O olhar da alma se dirige à bondosa vinda do Criador, e toda atitude do orante se transforma em adoração.

> Quando a mãe chama a criança faminta para comer, esta vai chegar imediatamente. Do mesmo modo, a nossa alma faminta não ouvirá o chamado de Deus que quer satisfazer seu desejo e nutri-la de vida eterna? Para que não ignores a fina voz de tua alma – muitos pensamentos e atividades podem abafar a sua fala –, deverias retirar-te diariamente ao silêncio por um pouco de tempo. O Criador tem desejo de encontrar-se com a criatura. Se deres lugar ao silêncio, ou se uma tragédia te fizer calar, sentirás também em ti o desejo de encontrar-te com Deus. Somente dessa fonte é que poderás tirar novas forças vitais, que se alongam para a vida eterna (São Basílio, o Grande).

Tudo o que Deus quer nasce do silêncio por ele habitado. A Oração de Repouso conduz a esse silêncio divino, fundamento de todo ser, que a tudo dá suporte e por tudo é responsável. Com a crescente prática, o orante mergulha nesse espaço do silêncio e deixa tudo o que o impede de ouvir a delicada linguagem divina.

> Senhor Jesus Cristo, o teu diálogo com o Pai nascia do teu silêncio. Conduze-me a esse silêncio, para que eu fale em teu nome e minhas palavras deem fruto. Se é difícil calar os lábios, ainda mais difícil é calar o coração. Dentro de mim há uma confusão de vozes. Como se eu estivesse todo o tempo discutindo, ou comigo mesmo ou com meus amigos ou meus inimigos, meus parceiros ou adversários, meus colegas ou meus rivais. Mas essa discussão interna é a prova de como meu coração está longe de ti. Se eu sentasse simplesmente aos teus pés, consciente de que pertenço a ti e somente a ti, eu poderia parar de discutir com os parceiros reais e imaginados. Todos esses argumentos provam minha insegurança, meu medo, meus temores e minha carência de ser reconhecido e respeitado. Senhor, concede-me esse silêncio. Torna-me paciente e faze-me entrar aos poucos nesse sossego, no qual posso estar plenamente contigo (H. J. M. Nouwen).

A nossa oração e o inerente desejo de encontrar a Deus nunca são livres de imperfeição e de insuficiência. Será que jamais conseguiremos compreender para onde tende a nossa sede e o que realmente queremos na oração? O Espírito de Deus nos faz companhia, se inclina para nós, se une ao nosso pedido e faz nosso gemido ser agradável a Deus. É um gemido totalmente sem palavras e silencioso, porque não há palavras para expressar aquilo que nós e o Espírito em nós almejamos. Mas seremos ouvidos por Deus nesse ato de erguer-nos e estender-nos para ele. Nessa oração apoiada pelo Espírito de Deus que se realiza no nosso coração, acontece aquilo que é essencial e fundamental. Deus, que sonda e conhece os corações, distingue dentro do coração a voz do Espírito que se eleva a ele e junto conosco se une a ele.

11

Seja feita a vossa vontade, assim na terra como no céu

▶ No terceiro pedido do Pai-Nosso o orante se refere à vontade de Deus. Tudo o que se menciona em terceiro lugar tem significado e importância especial.

Depois que o anjo Gabriel anuncia a Maria a Boa-Nova e lhe prediz o nascimento de Jesus, ela responde: "Eis que eu sou a serva do Senhor; faça-se em mim como disseste" (Lc 1,38). Com essa resposta, antes de o Cristo entrar no mundo, Maria antecipa o pedido do Pai-Nosso. Aquele que busca e ouve a Deus, exercita-se na Oração de Repouso para reter sua própria vontade humana e os seus desejos. Por vezes, vai até a renúncia total, para dar espaço à vontade divina e à sua presença e para viver orientado por Deus. Por amor às suas criaturas e à criação inteira, Deus quer revelar a todos a sua vontade santificante e salvadora, para que nada se desvie e ninguém se perca. Essa dimensão universal do amor divino abrange céu e terra. O ser humano que ainda vive nos limites do espaço e tempo aprende pelo pedido: "seja feita vossa vontade, assim na terra como no céu", a deixar transparecer as barreiras que o separam de Deus. À oração vocal segue a oração do coração, e depois desta vem a oração do silêncio, um profundo repouso da alma, no qual Deus pode revelar ao homem sua benfazeja vontade.

> Na oração, não deves aspirar àquilo que te apraz, mas sim ao que a Deus agrada. Só isso vai livrar tua oração de perturbações e vai te encher de gratidão, enquanto rezas (Evágrio do Ponto).

Partindo de Maria, o próprio Jesus mostrou aos fiéis, por sua palavra e por sua vida, como se pode reconhecer, aprovar e fazer a vontade de Deus. O pedido e a postura do orante é de que a vontade de Deus se realize aqui na terra como já se realizou no céu. O ator é Deus mesmo, e ao homem convém que se torne recebedor, para que sua vontade se faça uma só com a vontade divina. Se tirarmos proveito dos divinos impulsos de amor na nossa vida, então já acontece a realeza de Deus aqui na terra. A alma humana e o espírito, a força e a criatividade.

Tudo vai ser impregnado mais e mais pela graça divina, até que um dia toda a nossa existência se torne plena do amor e da presença de Deus. Por isso deve haver pausas na nossa vida preenchidas com a oração de entrega, para que, longe da atividade própria, nos tornemos recebedores.

O terceiro pedido do Pai-Nosso contém o desejo de que o céu se torne terra e a terra se faça céu. Essa vastidão universal e cósmica tem início no fundo da alma e vai até a profundeza da criação. A muitas pessoas foi dado reconhecer que só podemos ter o senhorio de nós mesmos, se escutarmos o Senhor na oração do silêncio. Essa oração que exercita a atitude do "seja feita a vossa vontade" ensina-nos caminhos mais suaves, onde se prossegue passo a passo e com menos sofrimento do que na vida ativa ou na luta pela existência. A Oração de Repouso dá as melhores condições de nos tornarmos serenos, livres e desapegados; aprendemos a deixar acontecer a vontade de Deus ou até a esperar por ela.

No mistério da fé como também na Oração de Repouso se trata de uma transformação: que a terra se transforme no céu. Isso, porém, só pode acontecer se deixarmos que o Reino de Deus venha até nós: a primeira coisa que fazemos é entregar na oração a nossa vontade a Deus, para que ela possa unir-se à vontade divina. Por essa transformação, mais e mais se acaba a separação entre o Criador e sua criatura. Se, conscientes disso, rezarmos "seja feita a vossa vontade", todas as camadas e todos os tempos do nosso ser são atingidos.

Na Oração de Repouso, o orante coloca sua vontade nas mãos de Deus, confiando que só lhe poderá acontecer algo muito bom. O ser humano só pode fazer isto: entregar-se a Deus. Mas a concordância com sua vontade, com seu amor e com seu agir só pode ser realizada por Deus mesmo. "Deus não somente nos transforma em pessoas que creem, que amam e esperam; ele nos preenche interiormente de si mesmo, de modo que sejamos transformados nele" *(*Santa Teresa d'Ávila).

Com Cristo, o Ressuscitado, o orante age em Deus e com Deus. Ele põe em ação o amor ao próximo e a toda criatura que habita nele. Por Cristo, a quem invoca na oração sem cessar, ele se prepara para uma lenta e completa superação do tempo e da morte.

Por Cristo e pela invocação do seu nome na Oração de Repouso, excluímos toda negatividade que não deve ter lugar na nossa experiência de seguimento. Pedimos na oração que reconheçamos a vontade do Pai como Cristo a reconheceu, o qual veio para fazer e completar a vontade do seu Pai.

> Jesus falou aos seus discípulos: "Minha comida é fazer a vontade daquele que me enviou, e levar a efeito a sua obra" (Jo 4,34).

PERGUNTA E RESPOSTA SOBRE ESTE CAPÍTULO

1. **Uma entrega total é difícil para muita gente. Não existe o perigo de perder o controle de si mesmo?**

Os relatos dos padres do deserto e de todos que praticaram ou praticam a Oração de Repouso como também a própria experiência mostram que não existe o perigo de afundar sem emergir. Se nos abrimos na oração e renunciamos à própria vontade, chegando a fazê-la calar temporariamente pelo nosso exercício, não nos perdemos no nada. Pela oração, tomamos o Criador como nosso norte, por Cristo, em Cristo e com Cristo;

e no silêncio doamos a ele uma parte do nosso tempo, para que sua graça possa nos tocar sem interferência. O seu dom feito a nós pede nossa disposição de abrir mão dele, tarefa que devemos efetivar fora da oração. Se recebermos dons divinos e impulsos amorosos, transmitindo-os com discrição aos outros em boa intenção, não há mais necessidade de autocontrole, já que de passo em passo acolhemos e cumprimos sempre mais a vontade divina. O exercício confiante do entregar-se para receber não pode ser controlado por nossa vontade – devemos praticá-lo diariamente, para que traga frutos em nossa vida.

"Senhor, em ti confio; em tuas mãos entrego a minha vida" (Da oração das Completas).

12

Um gostinho da dimensão divina

▶ Cassiano diz: "Sem dúvida, Deus nos concede inúmeras oportunidades, nas quais nossos corações sonolentos e cansados são sacudidos pela sua graça e se abrem para ele".

Nessa abertura está a essência da Oração de Repouso. Não podemos produzir ao nosso gosto situações que nos tirem por momentos da fadiga cotidiana e nos manifestem a dimensão divina, porque elas são dons de Deus. Seria ingênuo esperar pelo seu retorno. Mas, pela oração e, principalmente, pela Oração de Repouso, podemos preparar-nos e vir a ser receptivos para o amor de Deus que vem ao nosso encontro. Se nos habituarmos a nortear-nos por Deus e vivermos uma relação com ele, com certeza seremos levados a um nível de oração mais profundo e mais pleno. Esse mistério maravilhoso do crescimento é próprio da oração de entrega.

O maior desejo de Cassiano é que o orante experimente em tudo e por tudo na vida um encontro com o Criador, sustento de todo ser, um encontro com Deus que é o amor. Cassiano gostaria de levar os seus alunos a uma consciência tão ampla, na qual toda percepção se torna um encontro com Deus. Pelo exercício da Oração de Repouso, a pureza de coração passa a ser um estado permanente, e esta é a divisória decisiva no caminho espiritual do cristão.

A Oração de Repouso transmite um conhecimento intuitivo na simplicidade, e este conhecimento de Deus é de experiência, de modo que a proximidade de Deus se faz sentir a toda hora. Experimentamos na oração a alegria da presença gratuita. Se abrirmos mão de toda "posse" e largamos tudo, acharemo-nos diante de Deus em absoluta simplicidade. O espírito pode vibrar com facilidade na austera pobreza de uma breve invocação, até que se alcance aquele estado de felicidade que o Evangelho chama de "bem-aventurado". É assim que devemos entender também a primeira bem-aventurança: "Felizes os pobres de espírito, porque deles é o Reino dos céus" (Mt 5,3). Na Oração de Repouso vivemos e respiramos cada vez mais a pobreza. É o simples repouso que vibra em si mesmo e que contém a riqueza de toda a criação, o descanso do qual fala o Criador no sétimo dia da criação.

Essa experiência de Deus leva a derrubar todos os limites: "O que pode ser mais perfeito e mais sublime do que alcançar a consciência de Deus numa oração tão breve? O que é mais sublime do que deixar atrás de si toda limitação visível, embalando-se num único verso e resumindo em poucas palavras todas as fases da oração?" (*Collationes* X,12). Os padres do deserto sabiam que esse modo de rezar significa um grande desafio: a maioria da humanidade custa a entender que a verdade e o essencial sejam tão simples.

Por causa disso, os alunos só eram introduzidos nos mistérios da oração depois de longa preparação e provação. A Oração de Repouso contribui muito para sentirmos as dimensões mais profundas da vida e para alcançarmos a constância do coração. Ela vai ao encontro do nosso desejo de sermos inteiros, da nossa vontade de integrar espírito, alma e corpo, da nossa sede de conhecer e vencer a sombra escura que há no homem. O ser humano fica livre do bagaço desnecessário e transparente para o espírito de Cristo, de modo que pode reconhecer seu próprio caminho e andar firme nele.

Cassiano vai buscar os alunos ali, onde se encontram com suas experiências cotidianas. Ele conhece os contextos mais profundos e sabe que todos os estados mutáveis, inclusive os alteráveis estados de consciência humana, têm por base o estado singular, imutável e eterno, do qual toda vida se levanta e para onde ela tem vontade de voltar. Aprendeu dos padres do deserto e sabia pela sua própria experiência que é na transição de um estado de alma para outro que a dimensão divina se percebe com mais facilidade. Experimentamos a realidade que nos transcende de modo especial:

- quando rezamos ao passar da atividade para o repouso,
- quando fazemos uma parada entre duas diferentes atividades consecutivas,
- nas fases de descanso antes de grandes decisões,
- na oração antes do romper do dia ou no fim do dia, quando a noite vem chegando,
- quando o esgotamento nos leva a iluminações repentinas,
- quando amamos de coração puro, sabendo que somos amados,
- e, de modo geral, todas as vezes que um estado mutável tem fim e outro se inicia.

A cada um é dada a chance de que nessas ocasiões se manifeste a sólida base que é Deus e o Amor.

13
Efeitos da Oração de Repouso

Só mesmo o Criador poderá saber o que se dá no fundo da alma humana pela Oração de Repouso. Nós não podemos esquadrinhá-la nem com métodos psicológicos nem com pesquisa científica. Muita coisa não se abre ao espírito irrequieto que sempre indaga a razão de ser. Mas no tempo certo o Criador concederá ao ser humano o entendimento dos segredos da criação. Outra pergunta é muito mais importante: Em que consistem os efeitos da Oração de Repouso?

> Pelos seus frutos os conhecereis. Colhem-se, porventura, uvas dos espinheiros e figos dos abrolhos? Toda árvore boa dá bons frutos; toda árvore má dá maus frutos (Mt 7,16-17).

Cassiano mostra algumas mudanças que um impulso salutar, causado pela Oração de Repouso, pode trazer. Em primeiro lugar, aponta a alegria de viver e a serenidade do coração que muita gente já perdeu. Mas pode acontecer de, no começo, uma pessoa que tenha se aliviado do fardo pesado se perceba como um peixe fora da água nesse novo estado de alma.

Quem se aproximou orando da essência da criação e, por conseguinte do Criador, terá ouvidos para o grito calado das almas acorrentadas, para a natureza sufocada e para o clamor dos doentes e moribundos, como também dos animais maltratados, e se tornará intercessor dos sofredores.

Cassiano conhece no próprio eu essa prisão que tira a liberdade do ser humano e lhe fecha o caminho para Deus. "Cristo nos libertou, para que sejamos homens livres. Ficai, portanto, firmes e não vos submetais outra vez ao jugo da escravidão" (Gl 5,1). Ele sabe da trágica ruptura interior: se a pessoa não está fundada em si mesma; se ela não tem fundamento em Deus e não consegue viver uma vida que lhe é própria.

Nós mesmos temos que abrir por dentro a cadeia em que nos trancamos. O que parecia fechado se abre. E o que parecia morto, torna a viver. Tudo que atemorizava e oprimia cai em si e perde o poder. No indispensável processo de ruptura e desenvolvimento pessoal desaparece o medo diante das pessoas, e continuadas tensões doentias se dissolvem, de modo que a essência da personalidade possa aparecer e a pessoa seja capaz de viver a sua vocação.

Todos os que fizeram essa experiência sabem que não há mais nenhum poder de fora que possa mandar na sua vida. Sim, eles sabem que só é confiável e seguro o mandado que vem de dentro, a linguagem do coração. O orante aprendeu, pela Oração de Repouso, a largar o nível de consciência que infunde escrúpulo e temor e a entregar-se totalmente ao Senhor. Dessa maneira, é capaz de acolher a verdade da voz interior que vem de Deus, incondicionalmente e sem o freio da razão.

Cassiano aponta muitos efeitos da Oração de Repouso. Um deles é o pasmo sobre um repentino clarão que primeiro nos faz calar, porque custamos a entender o que aconteceu conosco. Os efeitos podem ser resumidos numa vida responsável e consciente que se baseia no Evangelho ou no Sermão da Montanha.

- Uso sensato das reservas de energia

"Vós sois a luz do mundo. Uma cidade situada sobre o monte não pode ficar escondida. Não se acende uma luz para colocá-la debaixo de um alqueire, mas sim para colocá-la encima do candeeiro, a fim de que brilhe para todos os que estão em casa. Assim brilhe vossa luz diante dos homens, para que vejam vossas boas obras e glorifiquem vosso Pai que está no céu" (Mt 5,14-16).

- Sentimento de justiça mais fino

"Se vossa justiça não for maior do que a dos escribas e fariseus, não entrareis no Reino dos céus" (Mt 5,20).

- Superação de conflitos

"Se estás para fazer tua oferta diante do altar e te lembrares que teu irmão tem alguma coisa contra ti, deixa lá a tua oferta diante do altar e vai primeiro reconciliar-te com teu irmão; só então vem fazer tua oferta. Entra em acordo sem demora com teu adversário, enquanto estás em caminho com ele" (Mt 5,23-25).

- Harmonização das relações humanas

"Todo aquele que olha para uma mulher com desejo libidinoso já cometeu adultério com ela em seu coração" (Mt 5,28).

- Crescimento da sinceridade

"Dizei somente SIM, se é sim, e NÃO, se é não. Tudo o que passa disto é do Maligno" (Mt 5,37).

- Aumento da tolerância

"Amai vossos inimigos, fazei o bem aos que vos odeiam, orai pelos que vos perseguem e maltratam. Se amais somente aqueles que vos amam, que recompensa esperais?" (Mt 5,44-46).

- Segurança no cotidiano pela experiência das mais profundas verdades da fé

"Nas vossas orações não multipliqueis as palavras como fazem os pagãos que julgam que são ouvidos por força de muitas palavras. Rezai somente assim: 'Pai nosso que estás no céu...'" (Mt 6,7-15).

- Consciência ambiental mais apurada

"No dia do jejum não tomeis um ar triste como os hipócritas. Eles mostram um semblante abatido para demonstrar ao povo que estão jejuando. Tu, porém, perfuma tua cabeça e lava o teu rosto, para que ninguém perceba a tua penitência" (Mt 6,16-17).

- Redução dos temores

"Não fiqueis com medo, dizendo: O que vamos comer? O que vamos beber? O que vamos vestir...? Vosso Pai no céu sabe de tudo quanto precisais. Cuidai primeiro do Reino e de sua justiça, e tudo o mais vos será dado em acréscimo" (Mt 6,31-33).

- Coragem de conhecer-se a si mesmo

"Por que olhas a palha que está no olho do teu irmão e não percebes a trave que está no teu? Como podes dizer ao teu irmão: Deixa-me tirar a palha do teu olho, quando tens uma trave no teu? Hipócrita, tira primeiro a trave do teu olho; assim poderás enxergar para tirar a palha do olho do teu irmão"(Mt 7,3-5).

- Crescimento da autoestima

"Não lanceis aos cães as coisas santas, nem atireis aos porcos vossas pérolas, para que não as calquem com os pés e, voltando-se contra vós, vos despedacem" (Mt 7,6).

- Coragem de confiar

"Pedi e recebereis. Buscai e achareis. Batei e a porta se abrirá. Porque todo aquele que pede, recebe. Quem busca acha. E a quem bate, a porta se abre" (Mt 7,7-8).

- Disposição de dar o primeiro passo

"Tudo que quereis que os outros vos façam, fazei-o vós a eles" (Mt 7,12).

- Capacidade de distinguir

"Pelos seus frutos os conhecereis. Colhem-se, porventura, uvas dos espinheiros ou figos dos abrolhos? Toda árvore boa dá bons frutos: toda árvore má dá maus frutos. Uma árvore boa não pode dar maus frutos, nem uma arvore má, bons frutos" (Mt 7,16-18).

- Aumento da constância

"Aquele que ouve minhas palavras e as põe em prática, é semelhante a um homem prudente que edificou sua casa sobre a rocha. Caiu a chuva, vieram as enchentes, sopraram os ventos e investiram contra aquela casa: ela, porém, não caiu, porque estava edificada sobre a rocha" (Mt 7,24-25).

PERGUNTAS E RESPOSTAS SOBRE ESTE CAPÍTULO

1. **É difícil acreditar que um fardo pesado possa ser tirado da pessoa por um modo de rezar tão simples. Não é arriscado afirmar coisa tão importante e enaltecer tanto assim as expectativas?**

Experiências de mais de 1.500 anos – começando com os padres do deserto até os nossos dias – provam que nesse caminho espiritual de tanta profundidade o orante se desfaz logo de início daquilo que não faz parte dele e que o prende a algo doentio. Experiências fisiológicas e psicológicas fazem ver – diga-se isso com toda cautela – que a Oração de Repouso ou outros caminhos orantes de entrega chegam a resultados que se aproximam do comportamento que Jesus propôs no sermão da montanha. Quem pratica esse caminho poderá confirmar essa afirmação por própria experiência. O primeiro passo é a libertação de fardos desnecessários. Só que essa purificação muda de pessoa para pessoa. O orante, fiel ao exercício, não terá dificuldade de largar certa expectativa ansiosa que o elenco das mudanças positivas possa produzir. O Cristo não colocou também metas que parecem inalcançáveis? No entanto, estas se tornam realistas e viáveis para aqueles que estão no seguimento coerente.

2. Uma pessoa pode rezar por outra?

É plenamente possível uma pessoa rezar por outra ou por outras pessoas. Enquanto não for capaz de rezar por si mesma, carecerá de alguém que a represente. Mas se ela tiver condições de rezar por própria conta, deve erguer as próprias mãos. A intercessão dos outros vai continuar apenas como apoio. "Um irmão falou ao Pai Antão: 'Reze por mim!'. O ancião respondeu: 'Nem eu terei pena de ti nem o próprio Deus terá compaixão, se não começares a rezar por própria conta'" (sentença dos padres do deserto).

14
Como podemos apoiar a Oração de Repouso

▶ Já que não se fazem pedidos concretos a Deus na Oração de Repouso e o orante se abre ao Criador e à sua vontade numa entrega total, a oração é considerada atendida de acordo com o que venha nos ocorrer, seja o que for. Essa atitude está em conformidade com o terceiro pedido do Pai-Nosso, que diz: "Seja feita a vossa vontade, assim na terra como no céu!". Quanto mais a vontade própria, as expectativas e as opiniões se calarem, tanto mais daremos espaço à ação do Criador. A Oração de Repouso abre esse caminho e o desobstrui de resistências que se insinuaram de diversos modos e sempre de novo tornam a se introduzir. Os bons efeitos da oração, embora seja um dom do Criador, podem ser apoiados pelo orante. Ele pode preparar o caminho para que a chegada de Deus não seja retardada nem recusada. Pode criar condições para receber uma graça ainda maior que provém do divino amor que cativa o ser humano. Pode dar o primeiro passo, abrindo a porta do seu interior que talvez esteja fechada há muito tempo por conta de decepções e feridas, de medos e dúvidas. Os seguintes passos concretos são para apoiar a pessoa na sua busca de Deus. São um ajuda para tornar a oração mais eficaz.

Rezar com outros

Se rezarmos com outros em comunhão de sentimentos, essa oração será muito mais forte do que a individual. A Oração de Repouso que não chega a Deus com intenções especiais é uma oração essencial e importante que se faz no espírito de fé e na comunhão com Deus e com Jesus Cristo. O orante sabe que sua oração o põe cada vez mais em consonância com a vontade do Pai, assim como Jesus ensinou no Pai-Nosso. Se várias pessoas se juntam nesse caminho, é claro que a oração é mais vibrante do que no exercício solitário.

Tanto a Escritura como a liturgia, em sua escola de perfeição, nunca se dirigem, nas orações propostas, ao indivíduo, mas sim às comunidades: discipulado ou comunhão de fé, comunidade, comunhão dos fiéis defuntos ou comunhão dos santos.

Perseverança e firmeza

Outro fator importante para apoiar a Oração de Repouso é a constância e a persistência. Pode haver momentos em que o orante está inclinado a desistir, porque não enxerga resultados visíveis. Nessas horas é preciso continuar sem hesitar e sem criar expectativas.

> Um aluno se queixava a seu mestre que de suas esperanças pouca coisa tinha se realizado. O mestre o encorajava a perseverar sem criar ideias fixas sobre a Oração de Repouso e deu este exemplo: "Um jovem tinha se retirado ao deserto de Tebas para passar um tempo como eremita. O abade que o levou até a ermida tomou um cajado seco, plantou-o no chão e disse: 'Coloque todo dia um balde de água neste cajado até que dê fruto'. O aluno fez como o abade havia dito, embora morasse distante da água. Aconteceu o que ele nem podia imaginar: depois de três anos, o cajado mostrou vida: enverdeceu, floresceu e deu fruto".

Nós não temos como saber o que começa a sarar, a crescer e a frutificar no fundo de nossa alma, quando invocamos o Criador sempre de novo na oração e a ele devolvemos uma parte do nosso tempo. Já que a nossa percepção ainda não penetra todas as camadas, deveríamos confiar que em cada oração acontece algo de bom, que talvez só se manifeste mais tarde. Deus ouve e atende cada oração. Mas é importante saber que o atendimento nem sempre é imediato. E o modo como Deus atende pode ser diferente do que imaginamos ou esperamos.

Em hipótese nenhuma deveríamos desistir da Oração de Repouso, quando não sentimos o resultado esperado ou achamos que não fomos atendidos. Se dermos algo – na Oração de Repouso é a entrega total que damos –, o Criador bem sabe o que nos vai devolver e a que horas o fará: ele sabe aquilo de que mais necessitamos, melhor do que nós. Muitas vezes não temos a menor noção disso. Facilmente acontece de o "anjo", enviado por Deus para dar-nos uma boa-nova ou um presente de sua graça, ser barrado por forças contrárias a Deus que nascem de nossa impaciência, do nosso jeito ardiloso, da nossa ambição e da falta de humildade. Nada nos deve frear no nosso caminho de oração.

Exercício de paciência

Toda carga negativa que no correr do tempo se acumulou no interior da pessoa necessita também de certo tempo para se desfazer de novo no processo de purificação, que é o primeiro passo da Oração de Repouso. É por isso que o caminho cassiano só pode ter resultado com muita paciência. Precipitação, impaciência e curiosidade retardam todo progresso que a oração produz.

> Conta uma história da China: Um homem tinha preparado sua roça, arando e plantando. Mas ele se admirou de que depois de algumas semanas a semente custasse tanto para sair do chão, pois, olhando a roça do vizinho, viu crescimento mais vigoroso. De tanta preocupação, já não conseguia dormir. Finalmente, teve esta ideia temerária: correu até o campo e começou a puxar o caule das plantinhas. Esse trabalho foi fatigante, mas finalmente terminou. Voltando do campo, encontrou o vizinho e disse a ele: "Ajudei o legume a crescer mais ligeiro". Curioso, o vizinho foi junto com ele olhar e se deparou com tudo destruído e murcho. Todo o vilarejo riu do homem que não sabia esperar.

O silêncio

Sobre a palavra ou a senha que usamos na oração, não devemos falar com os outros, a não ser com o orientador que nos deu essa palavra ou talvez uma relação de palavras para nossa escolha. De início, o orante vai dizê-la interiormente, até que ela começa a surgir espontaneamente, quando o Repouso tiver chegado. A oração se adapta cada vez mais ao ritmo interior da pessoa e se desenvolve ao mesmo tempo nas camadas mais profundas. Pronunciar a palavra seria trazê-la de volta para uma dimensão menos profunda.

Uma semente que foi posta no chão preparado no tempo certo precisa de muito descanso para poder desenvolver-se. A raiz cresce para baixo, chão adentro, e o brotinho cresce para cima. O primeiro crescimento é invisível para o espectador; o outro precisa de muito tempo e das necessárias condições, até que apareça, enverdecendo, florescendo, dando fruto. Se a gente cavasse a semente, para verificar o seu desenvolvimento, esta, com certeza, iria morrer. O bom entendedor deixa a planta nova crescer no escondido, até que se mostre por si mesma.

Assim acontece também com as experiências que temos na Oração de Repouso. Por enquanto não devemos falar sobre elas, a não ser com o orientador ou com uma pessoa querida, próxima de Deus, com quem trocamos todas as experiências. Do contrário, iríamos destruir à luz da publicidade aquilo que ainda precisa de tempo para amadurecer. No tempo certo a revelação virá por si mesma.

Muitas vezes Jesus impõe o silêncio a quem ele tocou e curou ou a quem revelou um mistério. A pessoa curada deve aprender de novo a cuidar da própria vida. E para isso, precisa de treino e de tempo. Que guarde silêncio e não faça sensação de seu restabelecimento, porque, do contrário, só alcançará a cura e não a salvação. O beneficiado só pode amadurecer em silêncio e devagar, para alcançar a estatura do homem interior, ou melhor, para desenvolver o mistério que Jesus gerou nele. Por meio dessa interiorização, ele há de perceber aos poucos quem é Jesus de verdade, e com essa lenta introdução a transformação restauradora de sua alma vai começando. (Depois da comunhão, é indispensável cultivarmos um tempo de silêncio, para que a ação divina possa nos adentrar.)

> Quando Jesus desceu do monte, muita gente o seguiu. Veio um leproso, caiu de joelhos diante dele e falou: "Senhor, se queres, podes purificar-me". Jesus estendeu a mão, tocou nele e disse: "Eu quero. Sê purificado!". Imediatamente, o homem ficou livre de sua lepra. Jesus lhe disse: "Cuidado, não digas nada a ninguém, mas vai mostrar-te ao sacerdote e apresenta a oferta prescrita por Moisés, para que lhe sirva de prova" (de tua cura) (Mt 8,1-4).
>
> Os olhos dos cegos se abriram. Mas Jesus os advertiu com energia: "Cuidado, para que ninguém o saiba" (Mt 9,30).
>
> Ao descerem do monte, Jesus ordenou-lhes: "Não conteis a ninguém esta visão, até que o Filho do Homem ressuscite dos mortos" (Mt 17,9).
>
> Compare ainda: Mc 1,40-45; 7,36; Lc 5,12-14; 9,36.

Corrigir a vida

Os efeitos da oração podem ser apoiados e intensificados significativamente, se o orante tentar melhorar, na sua vida ativa, em tudo o que deixa a desejar, por exemplo, no amor ao próximo, na humildade e na modéstia, na sinceridade e na compaixão, na autenticidade e na perseverança, na serenidade e no desapego.

Orar mais vezes

Devemos manter uma alternância sadia entre oração e trabalho, repouso e atividade. Já foi mostrado o efeito do ativismo cego que nos faz perder nosso próprio centro e destrói toda a tranquilidade na oração. Mas também ocorre o outro extremo:

de tanta piedade, alguém pode vir a negligenciar seus deveres cotidianos.

Em situações de tensão especial, devemos rezar mais vezes. Se o orante, por exemplo, tiver o hábito de rezar em dois períodos de 30 minutos, é bom que se recolha uma terceira vez. Somos chamados a invocar a misericórdia divina na iminência de situações extraordinárias, seja em momentos de decisões importantes, que mudam a vida pessoal e profissional, seja diante de provas, audiências judiciais, exames médicos, seja na espera de diagnósticos, cirurgias, doenças, crises no convívio humano ou em tempo de desemprego e de grande fadiga.

Menos é mais

É indispensável refletirmos sobre o próprio comportamento, de modo especial sobre as falhas, sobre as palavras ditas aos outros e sobre os sentimentos consentidos ou reprimidos. Só que essa reflexão e o exame de consciência não devem ocupar muito tempo. Depois de recebermos os sacramentos, não devemos remoer assuntos já perdoados. A Oração de Repouso ajuda a pessoa a não se ocupar sempre consigo mesma. Entramos na oração sem receios, assim como estamos, confiando na misericórdia divina, com todos os nossos defeitos, nossas trevas e imperfeições, e nos exercitamos, sem muitas palavras, na entrega de nós mesmos a Deus.

> Em sua oração, evitem muitas palavras. Bastou uma só palavra para que o filho pródigo e o publicano alcançassem o perdão divino. Não cansem a mente na oração. O pai se comove com o balbuciar simples e repetido da criancinha. Não percam tempo com longos raciocínios que distraem a mente com palavras rebuscadas. Uma só palavra do publicano atingiu a misericórdia de Deus. Uma só palavra carregada de fé salvou o ladrão na cruz. Profusão de pensamentos produz profusão de imagens e faz o espírito se diluir. Mas uma palavra sempre repetida condensa o espírito (João Clímaco. *Pequena filocalia*. São Paulo, Paulus, 2006).

Esse autor (580-650) viveu durante cinquenta anos no Monte Sinai, primeiro como eremita e, depois, como abade do mosteiro do Sinai. Sua grande estima vem de seu livro *Escada do paraíso*, no qual conduz o noviço, em trinta degraus, até o amor de Deus. Essa obra se baseia em Evágrio do Ponto e aproveita experiências pessoais.

Na Oração de Repouso não se dá atenção à disposição subjetiva. Se esta fosse importante, o orante se apoiaria em si mesmo e não seria conduzido para camadas mais profundas de sua alma e, com isso, para Deus. Cassiano recomenda simplesmente que sejamos "inoportunos". E disso todo mundo é capaz.

Com toda a confiança

O orante, ao dar todo o crédito a Deus, criador do céu e da terra, pode entregar-se plenamente ao Senhor. Nas Completas, que a Igreja reza como oração da noite, se diz: "Nas tuas mãos entrego meu espírito, cheio de confiança". Essa entrega total e confiante é ensaiada na Oração de Repouso. É a atitude de Jesus para com seu Pai, que ele expressou na cruz: "Pai, em tuas mãos entrego o meu espírito" (Lc 23,46). A vida de Jesus, sua paixão e morte, tudo isso foi uma oração que lentamente se completou. Jesus estava convicto de que a vida esperava por ele junto de Deus, seu Pai. Com essa última palavra que consta no Evangelho de Lucas, Jesus se dirige a seu Pai, cheio de confiança e entrega filial. Essas palavras – do Salmo 31, verso 6 – são da oração noturna dos judeus, e são recitadas do mesmo modo pela Igreja.

Essa oração expressa bem o sentimento de amparo e de total confiança na hora de deitar, já que o sono é considerado a preparação para a morte. É provável que Jesus tenha rezado tal oração desde criança, exercitando-se na entrega confiante, e assim sabia por experiência que a alma está segura nas mãos de Deus e na sua bondade paterna.

Senhor Jesus Cristo, que te entregaste plenamente ao Pai.
Durante toda a vida colocaste teu espírito em suas mãos,
até que pela morte foste recebido na glória.
Mostra também a mim o caminho da entrega,
para que eu seja semelhante a ti e a vontade do Pai se faça em mim.
Não me deixes cair em tentação, mas livra-me do mal.
Pois teu é o Reino, o poder e a glória. Amém.

- Para que a tua confiança esteja em Javé,
  Vou instruir-te hoje, também a ti (Pr 22,19).
- Só na conversão e na quietude está a vossa salvação.
  Só a tranquilidade e a confiança vos darão força (Is 30,15).
- Tal é a certeza que temos, graças a Cristo, diante de Deus (2Cor 3,4).
- Javé é minha rocha e minha fortaleza, meu libertador:
  Ele é o meu Deus. Nele me abrigo: é meu rochedo,
  Escudo, fortaleza e salvação (2Sm 22,3).

Diante dessa afirmativa, será que o orante ainda pode ter dúvida ou desconfiança? Sabendo que na oração só acontecem coisas boas, devemos criar coragem e deixar-nos cair nas mãos do Pai, decididos, sem reservas e sem anseios, como faz a criança.

Perguntas e respostas sobre este capítulo

1. **Por que se dá tanta importância ao tempo de oração? Foi dito que só em situações de extremo esgotamento se deve introduzir um terceiro horário de exercício. Ora, se a Oração de Repouso deve ser uma oração permanente, por que não praticá-la com mais frequência para acelerar o progresso?**

A Oração de Repouso produz em sua primeira fase a purificação, tanto do sistema nervoso como também da vida interior. Vale, porém, o princípio geral de que o repouso profundo dissolve tensões que se formaram por contrações, por insegurança e medo, por sobrecarga e comportamento unilateral e por erros cometidos. A Oração de Repouso age sobre o corpo, o espírito e a alma da pessoa. O processo de cura inicia-se ali onde o orante tem maior necessidade de desentravar-se e de libertar-se de coisas negativas. Agora, se o corpo, o espírito e a alma experimentam repouso demasiado, dissolvem-se tantas tensões e sombras, que a pessoa pode perturbar-se na hora. O povo diz que um mal leva tempo para se formar e o mesmo tempo para se desfazer. Nem o corpo nem a alma aguentam a aceleração premeditada desse processo. Infelizmente, existem pessoas que não se moderam. Pelo zelo excessivo entram logo em crise[1] e abandonam o caminho, que é tão bom.

---

[1] Tais crises são: insegurança no trânsito, vertigem, desorientação, falta de vontade, opção radical pela pobreza, pelo jejum e pela continência sexual, omissão dos deveres, fuga de relações familiares e sociais e, por fim, comportamentos extremos.

15

Para orar, entra no teu quarto

▶ Com carinho devemos atender ao que o Evangelho recomenda, quando na oração nos recolhemos ao nosso quarto, fechando a porta e invocando o nosso Pai. Esse procedimento se encaixa exatamente nas palavras de Jesus: "Tu, porém, quando orares, entra no teu quarto[1] e, fechando tua porta, fala com teu Pai que está lá, no segredo; e teu Pai que vê o segredo, te recompensará" (Mt 6,6).

Podemos praticar esse ensinamento da seguinte maneira:

- Rezamos no nosso "quarto" quando defendemos o nosso coração de todo barulho de pensamentos e preocupações e desdobramos a nossa oração em discreta familiaridade diante de Deus.

- Rezamos "de porta fechada" quando, com a boca fechada e repousando em total silêncio,[2] invocamos aquele que perscruta o coração[3] e não a voz.

---

[1] A oração no quarto, com a porta fechada, tem seus modelos. Eliseu, por exemplo, rezou em casa com a porta fechada (2Rs 4,33). Por "quarto" provavelmente se entende "depósito" (Lc 12,24), que era o único lugar que se podia trancar.

[2] Dessas palavras não se deve deduzir que a prece oral seja completamente desaprovada. Cassiano reconhece seu valor tacitamente, quando trata da oração comunitária dos monges. Silêncio é apoio e defesa do recolhimento. Este nos leva ao encontro com Deus que, no "santo silêncio", tem sua expressão maior.

[3] "Oração é coisa do coração, sua essência é a elevação do coração a Deus e, com isso, ato de fé em Deus. Se faltar essa essência, não é oração, assim como figura não é gente" (Luther).

- Rezamos "no escondido" quando procuramos contato direto com Deus na intimidade do coração. Nesse escondimento interior, os poderes malignos já não nos identificam como orantes.

Por isso, devemos orar no mais profundo silêncio interior,[4] não somente para não incomodar os orantes com o ato de falar ou murmurar, mas principalmente para esconder o segredo de nossa oração diante dos nossos inimigos que estão à espreita quando oramos. No Sermão da Montanha, Jesus confronta a oração hipócrita, feita diante dos homens, com a oração no espírito de verdadeira justiça. Na oração, a pessoa se volta à sua origem. Mas aí não chega quem permanece nas malignas estruturas egoístas, como na vaidade, no orgulho próprio e na ambição. A orientação para Deus se perde, se o orante está voltado para si mesmo. Em vez de procurar a Deus, busca o próprio eu. Para quem quiser rezar mesmo, Jesus mostra um caminho que não permite rodeios e que defende do engano e da vaidade: "Tu, porém, quando orares, entra no teu quarto e fecha tua porta". Ali não tem olho humano que possa penetrar, e ninguém vê se a pessoa está orando ou não. Quando o orante se volta para dentro sem chamar atenção, mostra que apenas busca a Deus. É verdade que Deus pode ser achado em todo lugar, mas, de início, é importante aprender a oração verdadeira no escondido; então, poderemos mais tarde manter a oração permanente mesmo no nosso cotidiano. J. Gnilka diz no comentário aos Colossenses: "Quem quiser achar e viver sua autêntica vida espiritual, se desfaz de tudo que não condiz com sua identidade. Ele faz uma parada

---

[4] Não se trata de fechar os olhos diante das realidades do mundo. O orante leva para o silêncio e para o recolhimento de sua oração toda a realidade de sua vida, mesmo fechando os olhos. Para atingir melhor o alvo, faz-se algo contrário. O esportista, antes de partir para o salto, recua um pouco e se concentra, para depois se atirar ao alvo com mais ímpeto. O mesmo princípio se usa na arte dos flecheiros.

e entra – em sentido figurado – no seu "quarto", onde estão escondidos todos os tesouros da sabedoria e da ciência" (Cl 2,3).

- Eliseu entrou no quarto, fechou a porta sobre si e sobre o morto e orou ao Senhor (2Rs 4,33).
- Eu pensei nas palavras dos antepassados do meu pai Jacó, entrei no quarto e orei ao Senhor (Weidinger. Testamento de José. Os apócrifos, 118).
- Vai, povo meu, entra nos teus aposentos e fecha as portas sobre ti. Esconde-te por alguns instantes, até que a cólera passe (Is 26,20).

Pelo tempo de oração, o orante se retirou do mundo externo e renunciou a todo ato voluntário de observação, reflexão e consideração:

- Para não ser distraído no caminho da interioridade pela percepção dos sentidos, ele fechou formalmente toda "porta" para fora.
- O seu interior quer conseguir repousar na oração. Por isso, ele desiste de toda iniciativa própria, para que não acordem novas ideias e imagens.
- O seu espírito procura igualmente o repouso em Deus, que se acha no escondido. Por isso, evita os estímulos da mente e deixa todo ato de pensar que não tem nada a ver com oração.
- Agora a oração chegou à sua essência, porque o acesso ao Pai já não é impedido por barreiras que vêm de nós mesmos.

Jesus lhe respondeu: "Se alguém me ama, guardará a minha palavra; meu Pai o amará, e nós viremos a ele e nele faremos morada" (Jo 14,23).

Portanto, se criarmos as condições para a oração, fechando as "portas do nosso quarto", as portas para Deus se abrirão em nosso interior, dando acesso não somente ao Deus da Justiça que é nosso Pai, mas também a Jesus Cristo, seu encarnado Filho que no Espírito está presente em nosso íntimo. Os "tesouros escondidos da sabedoria e do conhecimento" se abrirão para nós por esse modo de orar e se tornarão acessíveis. As palavras de Jesus sobre a oração são sempre atuais e nunca ficam velhas. "Retira-te em ti mesmo, no teu próprio interior, no teu próprio coração, e deixa toda distração do lado de fora." O que importa é ter o foco de atenção unicamente em Deus. Para Jesus, uma única palavra de confiança e de entrega que venha do coração vale mais do que rezar todos os salmos.

> Os santos padres recomendam àqueles que aplicam seu esforço na sobriedade espiritual do coração, que permaneçam o tempo todo, e particularmente nas horas marcadas para a oração, num canto sossegado e escuro. A vista distrai e dispersa naturalmente o espírito, entre os objetos vistos e olhados; atormenta-o e diversifica-o. Aprisionado numa cela tranquila e escura, ele já não será dividido e diversificado, por assim dizer, pela vista e pelo olhar. Assim, querendo ou não, o espírito vai parcialmente se acalmar e recolher-se em si mesmo (VV.AA. *Pequena filocalia*, São Paulo, Paulus, 2006, p. 194).

"Dizem que os irmãos no Egito proferem frequentes orações, mas estas devem ser muito breves, como se fossem flechas, para que não se percam pela demora o ardor do coração e o vigor. Com isso mostram igualmente o perigo de deixarmos enfraquecer o fervor do coração, se a oração for inconstante."[5]

---

[5] Aurelius Augustinus, *Carta para Proba* X, 20. Anícia Faltonia Proba, viúva de Roma, de família nobre romana, foi morar na África entre 410 e 413, depois da morte de seu filho, onde passou a ter vida monástica. Pediu a Santo Agostinho que lhe desse instrução sobre oração. Ele recomendou a ela que mantivesse, com as "orações de flecha", o permanente desejo de Deus.

A flecha primeiramente é puxada para a direção contrária, para que ganhe maior força ainda. Do mesmo modo, o caminho da oração conduz primeiro para dentro. O orante mergulha cada vez mais na profundidade de sua alma e, a partir daí, põe seu foco apenas em Deus. A arte do arqueiro mostra a importância da retirada no ato de retesar a corda, para que o alvo seja alcançado com mais segurança e velocidade.

> Se a corda estiver esticada tanto quanto o arco permite, este se integra no universo. Por isso mesmo é tão importante aprender a arte de esticar (E. Herrigel, *A arte cavalheiresca do arqueiro Zen*.)

A corda se estica tanto que a flecha, tendo quase um metro de cumprimento, só com a sua ponta passa da circunferência do arco. Pela poderosa puxada da corda que é liberada, a flecha é arrancada de sua posição, a corda vibra e a flecha se arremessa com ímpeto.

Na sétima maneira de orar que São Domingos propõe, o santo é apresentado com os braços estendidos ao alto. Uma miniatura do ano 1330 explica esta gravura:

> Muitas vezes se via São Domingos em oração, estendendo-se rumo ao céu em todo seu tamanho, como flecha que se lança ao alto por força de um arco esticado. Estava com os braços estirados e as mãos por sobre a cabeça, se tocando. Às vezes, as mãos se abriam um pouco como se quisessem receber algo do céu.
>
> Dava impressão de que nesses momentos a graça era mais forte ainda. Sim, nessas horas o Santo Pai parecia estar arrebatado ao Altíssimo e ao Terceiro Céu. Quando rezava dessa forma, ele agia como um verdadeiro profeta em tudo que fazia, seja admoestando alguém, seja dando ordens ou fazendo uma pregação. O Santo Pai sempre demorava pouco tempo nessa posição orante. Depois voltava a si e agia como alguém que tivesse voltado de uma longa viagem. Parecia com um peregrino, tanto no aspecto como no comportamento (Codex Rossianus 3,3 ss Na tradução de Peter Dyckhoff, "Rezar de corpo e alma").

Segunda Parte

▶ Iniciação na Oração de Repouso

1
Não tenha conceitos nem perspectivas

A meta da Oração de Repouso é acabar com ideias – principalmente a respeito de Deus – e pensamentos, para assim introduzir espírito e alma num repouso crescente por meio da austera pobreza de uma única invocação.

> Não imagines possuir a divindade em ti, quando oras, nem deixes tua inteligência aceitar a marca de uma forma qualquer; mantém-te como imaterial diante do Imaterial e compreenderás. Sê prudente, protegendo teu espírito de todo conceito, na hora da oração, para que ele seja firme na sua tranquilidade própria (de sua natureza original). Então, aquele que tem piedade dos ignorantes virá também sobre ti e receberás um dom de oração muito glorioso (Evágrio do Ponto, *Pequena filocalia*, São Paulo, Paulus, 2006, p. 22).

Para Cassiano, orar é renunciar a tudo: pensamentos, conceitos e a própria vontade. Na oração experimentamos a alegria da simples presença. Se toda posse é deixada, e tudo, mesmo a imagem de Deus, é largado, então o orante se encontra diante de Deus em absoluta simplicidade. Essa experiência de Deus vai além de todos os limites. A alma entra no estado de hesicasmo, conforme diziam os padres do deserto, o estado de repouso permanente.

> O Abade João ensinava: uma meta da Oração de Repouso consiste em oferecer a Deus uma oração pura, uma oração que não seja toda hora invadida por pensamentos e imagens. Portanto, se estamos sempre de novo diante de Deus aliviados e livres, então também poderemos ver a Deus – na medida em

> que isso seja possível ao ser humano – não com os olhos corporais, mas com os olhos da alma. Ninguém pense que possa contemplar a essência divina ou fazer dela uma imagem com semelhança corporal. Deus não pode ser pensado nem imaginado. Deus é um ser que toca a nossa alma. Mas a gente não pode captar nem descrever esse acontecimento. Pela pobreza da Oração de Repouso, isto é, sem pensarmos em algo de próprio, abrimos o olhar interior que se volta para ele naturalmente. Com isso, nossa vontade deve estar toda entregue a ele e o nosso coração purificado. "Fazei silêncio e contemplai, pois eu sou Deus." Pela Oração de Repouso nosso coração se torna puro; e quanto mais puro ele estiver, tanto mais Deus vai nos revelar, abrindo os seus mistérios.

Nesse caminho para uma união mais profunda com o divino, as nossas ideias formadas a respeito de Deus e os pensamentos sem controle são o maior impedimento.

A prática da Oração de Repouso só pode ter sucesso, se renunciarmos a todas as fantasias sobre Deus e a todos os pensamentos. O perigo é que o ser humano costure de remendos o seu próprio deus, assumindo uma imagem transmitida, ou construindo uma imagem a partir da história de sua vida. Esse perigo está sempre presente, tanto na oração como fora da oração.

Na Oração de Repouso não há lugar para nada disso, porque as barreiras que nos separam de Deus só podem cair, se o orante estiver disposto a largar tudo. Nessa pobreza que Jesus chama de bem-aventurada no Sermão da Montanha, a vinda de Deus vem de presente junto com seu amor que perdoa todos os pecados, possibilitando um maravilhoso começo novo.

Relatos dos primórdios cristãos até o nosso tempo nos confirmam isso: transformação e plenitude interior não vêm da meditação que procura imaginar a Deus e cultivar os pensamentos que surgem, mas, sim, da Oração de Repouso, onde não há lugar para conceitos formados sobre Deus, porque do contrário o orante não chega a lugar nenhum.

Muitos padres da Igreja desaprovam imagens de Deus também fora da oração, especialmente quando estas atribuem a Deus traços humanos. Mas acontece que, pela encarnação, Deus vem ao nosso encontro em forma humana, um ato de amor infinito que não existe em nenhuma outra religião do mundo. Assim como o Jesus histórico, Cristo assume traços humanos, que nos facilitam o caminho ao Pai. Por isso, devemos admitir – com todo respeito para com a Oração de Repouso que nega toda imagem divina – que, fora da oração, o cristão precisa realmente de imagens vivas e ideias do Deus Trino: do Pai e do Filho e do Espírito Santo. A vida da fé só pode crescer numa alternância sadia de repouso profundo diante de Deus, sem palavra e sem imagem, com atividade criativa que se desdobra na faculdade de dar corpo às ideias.

2
Mistério da fé

▶ No caminho da Oração de Repouso, com a crescente pureza tanto do coração como da alma, o orante é dotado de uma experiência de plenitude. O Senhor que tomou forma humana, em tudo igual a nós, exceto no pecado, o faz participar do mistério da fé: da morte e ressurreição. Na Oração de Repouso, o sumir e morrer é vivenciado no renunciar e desprender-se de tudo: da visão de Deus, dos pensamentos e sentimentos, das imagens e expectativas, enfim, das estruturas do eu. Com essa "morte", o orante abre o caminho ao Senhor que vem a seu encontro, para ressurgir por ele, com ele e nele. A morte passageira do nosso ego e ao mesmo tempo de tudo que é terreno e material demora pouco tempo. O Senhor recebe esse sacrifício e o devolve ao orante de um modo individual. Ele o faz gozar de sua ressurreição e o envia depois desse encontro – que nem sempre é percebido de modo consciente – de volta para a vida ativa. Profundamente enriquecido, não por própria vontade ou esforço, o orante sente o desejo de traduzir em atos o que lhe foi dado, de pôr em prática impulsos de fé e vida e de passar a outros os dons recebidos. Pela experiência corporal e espiritual do mistério da fé, a verdade da Escritura se revela de um modo novo e maravilhoso.

Muitos têm dificuldade com o desprendimento, que é o primeiro passo na Oração de Repouso. Devemos treinar pacientemente com um orientador espiritual, até que o desapego se torne um morrer com Cristo para ressurgir com ele. Essa vida verdadeira que todos buscam não se acha por ação própria, mas pelo desgrudar-se do ego que se lança para Deus e se abraça com ele. Numa dimensão, é morte, mas em outra dimensão é ressurreição e vida eterna. No "morrer para o mundo" o orante sente, depois do processo de libertação das trevas, a luz da vida eterna que o leva para a comunhão com Deus.

Na Oração de Repouso podemos experimentar a passagem do Jesus histórico para o Cristo glorioso. Para tanto, é preciso retirar-se ao silêncio. No recolhimento, Moisés e Elias puderam encontrar-se com Deus. Pedro, Tiago e João viram no monte da transfiguração, longe das cidades, o seu Senhor na glória da ressurreição. Sempre de novo Jesus se retirava para orar na solidão. Para cumprir e completar a sua tarefa no mundo, precisava do contato com o Pai. Cassiano se refere ao exemplo do recolhimento de Jesus na oração, condição que não pode faltar na Oração de Repouso. Ele encoraja o orante a entregar-se a Deus na oração com todas as fibras do ser, para perceber a proximidade divina mais intensamente já no aqui e agora. O prometido estado de bem-aventurança, no qual Deus é tudo em todos,[1] pode ser experimentado pelo orante ao menos em parte.

Perguntas e respostas sobre este capítulo

1. Será que é necessário retirar-se em horas certas para a Oração de Repouso? O horário de trabalho às vezes não nos permite fazer isso. E o orante não deve agir sob coação. Nesses casos, podemos dispensar o exercício?

Não devemos renunciar à Oração de Repouso por nada. De modo especial, o principiante deve rezar na solidão, num lugar reservado. O silêncio exterior favorece o sossego e apoia o silên-

---

[1] "... para que Deus seja tudo em todos" (1Cor 15,28). Nesses versos se desenvolve uma teologia do reinado de Cristo. O tempo tem um alvo. Nele se deve possibilitar o progresso. A tudo que existe, a todas as criaturas que desde sempre subsistiram, é concedido ter parte com Deus. Tudo o que o ser contém há de ser desenvolvido" (E. Walter, comentando a 1ª Carta aos Coríntios).

cio interior. Mesmo que as condições não sejam favoráveis, não devemos deixar de fazer a oração. A inquietação exterior será um desafio para treinar nosso caminho ao silêncio interior apesar de tudo. Quem já progrediu um pouco terá facilidade, porque já calou o barulho dentro de si e por isso já repousa em si.

Onde e quando se faz o exercício: isso depende dos deveres e costumes de cada um. Recomendam-se dois horários por dia, de manhã e de tarde, num lugar protegido. Para uma dona de casa, a melhor hora é quando as outras pessoas da casa estiverem fora, isto é, quando o esposo estiver no emprego e as crianças na escola. Qualquer lugar pode abrigar a nossa oração. É claro que uma igreja ou um lugar sagrado oferece possibilidades ideais, eventualmente antes ou depois das celebrações. Quem reza ao ar livre não se deve expor ao sol, mas procurar uma sombra, pois a Oração de Repouso baixa o metabolismo, e o calor o incentiva.

Não se deve fazer o exercício no carro, no trem, no avião ou no navio, pois o profundo repouso se reflete também corporalmente no relaxamento de músculos e nervos. Se o veículo sofre um baque por freada, por desestabilização ou por ondas altas, o abalo se transmite ao corpo que está em profundo repouso e lhe causa um tremendo choque que – como experiências comprovam – pode ter consequências fatais.[2] A Oração de Repouso atinge ao mesmo tempo corpo, espírito e alma. Os acidentes comprovam o efeito profundo nos três níveis. É por isso que devemos usar de toda delicadeza com esta maneira de orar.

2. No caso de mal-estar ou doença nos falta a motivação. Nesse caso podemos dispensar a oração?

Uma monja sábia, chamada Amma Teodora, tinha costume de introduzir as pessoas na Oração de Repouso. Sempre dizia que em si não existem razões para dispensar a oração. "É bom

---

[2] Podem aparecer dores de cabeça, náusea, agressividade, vertigem, mal-estar. Até se conhecem casos de morte por fratura de pescoço.

treinar a quietude do coração pela Oração de Repouso. Quando temos o propósito de entrar na oração, logo aparece o maligno e torna a alma pesarosa. Desânimo, medo, dúvida e muitos pensamentos, tudo isso pode apresentar-se. A força sinistra se manifesta também no corpo por meio de fragilidade e moleza. A energia diminui e a indolência entra no seu lugar. A força do corpo e da alma se encolhe, e a pessoa irá dizer: 'Não posso rezar porque estou doente! Frio e febre vão me assaltar, se eu não tiver cuidado, pois já estou com dor de cabeça. Mas assim mesmo vou enfrentar a Oração de Repouso'". Com esse propósito, o debilitado se esqueceu de si mesmo e das suas dores. Recebeu profundo repouso e forças curadoras. Quando finalizou a oração, as dores de cabeça haviam cessado, e a febre temida nem veio. Em si não há razão real e séria para não exercitar a Oração de Repouso. O pensamento que nos quer afastar é superado com facilidade quando enfrentamos a prática.

3
Últimas perguntas antes de chegar à Oração de Repouso

Se não tivermos um método concreto de oração, nosso espírito, obscuro e atrapalhado por dificuldades, fica toda hora para lá e para cá, sem freio. Ele não consegue reter por muito tempo nem mesmo algo espiritual que lhe seja dado sem contribuição própria. Apanha pensamentos aqui e outros acolá, mas não percebe como começam nem terminam. Não se dá conta nem do que encontra e nem do que perde.

> Que nenhum despreparado, que nenhuma criança de peito toque esses objetos proibidos, antes do tempo. Os santos padres mostraram a loucura dos que procuram as coisas antes do tempo e tentam entrar no porto da impassibilidade (*apatheia*), sem dispor dos meios desejados. Quem não conhece as letras, é incapaz de decifrar uma tabuinha (Kalisto II. *Pequena filocalia*, São Paulo, Paulus, 2006, p. 200).

> Vocês sabem como é que a pequena águia aprende a voar? Pessoas que são familiarizadas com a montanha do Sinai chegaram a descrever com detalhes como isso acontece. O ninho de águia, onde se criam os filhotes, encontra-se no alto de um penhasco na beira de um abismo profundo. Quando os filhotes estão no ponto de alçar voo, são enxotados do ninho sem pena pela velha águia. Os filhotes piam e se recusam, porque ainda não sabem voar. Mas a velha águia não desiste. De repente, pega o primeiro dos filhotes com suas garras, voa por cima do abismo e o deixa cair. O filhote mexe com as asas e tenta voar, mas não consegue e começa a descer, coitado,

> caindo cada vez mais para dentro do abismo. O observador só pode pensar: daqui a pouco vai se despedaçar no chão. Mas a águia que voava tranquila, de repente, se atira para baixo, apanha o pequeno em plena queda, volta com ele para cima e a brincadeira começa de novo. Assim, lentamente o filhote aprende a usar suas asas, até que saiba voar sozinho, cortando os ares em grandes círculos (A. Exeler).

Nós precisamos de certas instruções práticas fundamentais para podermos "voar". Na Oração de Repouso se trata de algo que pode ser comparado com a batida de asas de um pássaro que se eleva às alturas. Quando a ave tiver alcançado a altura desejada, fica flutuando para se manter nos ares. Tal imagem mostra como essa prece suave deve ser feita, ou melhor, acolhida: livre, soberana e tranquila.

O fundamento da Oração de Repouso consiste num simples exercício espiritual, pelo qual o orante se volta para Deus sem esforço e pelo qual Deus pode ser percebido presente na alma. O exercício começa com um pequeno impulso espiritual, até que chega a vibrar sozinho. Com isso, a oração se torna cada vez mais simples e suave, mais profunda, verdadeira e afetuosa. O orante, sem ação própria, está plenamente presente numa descansada atenção vigilante. Nesse caminho e nesse estado de profundo repouso, nada mais é retido e apropriado.

- Como é que por esse exercício o nosso interior pode ficar pleno da presença de Deus?

A Oração de Repouso cria a melhor condição para a percepção consciente da presença de Deus no ser humano. Deus presenteia o orante com sua amorosa e envolvente proximidade, que a pessoa não pode alcançar nem pela vontade nem pelo exercício. A Oração de Repouso limpa o caminho para o Deus que vem ao nosso encontro. Mesmo quando percebemos a habitação de Deus em nós, essa oração deve ser continuada com o desejo ardente de nunca mais sermos separados da presença de Deus.

- Existe alguma forma de memorizar ou algum método que nos permita receber e guardar a Deus no coração e no espírito?

A Oração de Repouso se dirige a Deus Criador ou a Jesus Cristo, Filho Unigênito, com palavras simples e repetidas. Com isso, o orante se volta totalmente para Deus, em viva memória daquilo que o seu amor fez e vive fazendo toda hora no coração humano e no universo inteiro. Se na oração, em vez do repouso desejado, os pensamentos dominam e envolvem o orante, então ele precisa de um método que o chame para Deus e o faça sentir a sua presença amorosa. A esse método Cassiano chama de "fórmula *pietatis*", como veremos a seguir. Todos os ensinamentos sobre a Oração de Repouso e sobre a Oração de Jesus concordam neste ponto importante: essa oração, no fundo, não pode ser aprendida por alguma técnica, por mais detalhada e séria que seja. É um modo de orar que só pode brotar a partir das raízes da fé cristã. Perfeição profissional é engano e não é oração.

- Como podemos nos voltar a Deus, quando percebemos que nos distraímos e nos distanciamos da oração?

Em geral são pensamentos que vêm. Quando nos envolvemos nessa distração, nem percebemos mais que na verdade estávamos orando. Mas logo que os pensamentos e as imagens diminuem, a gente se dá conta da situação. É importante não ir atrás dos pensamentos e das imagens ou iniciar um novo raciocínio, mas voltar para a Oração de Repouso e dar prioridade a ela. Assim nos dirigimos novamente para Deus na invocação que nos é própria. Se não ligamos para os pensamentos, como quem deixa as nuvens passarem diante do sol, o silêncio se torna mais profundo, o repouso fica mais intensivo, e o mergulho se faz com facilidade. Com isso acontece uma volta para a presença de Deus. Pela Oração de Repouso e pela inatividade que lhe é própria, o orante se abre para uma incrível dimensão profunda e para o que Deus quiser. Nesse nível de silêncio, ele sente mais e mais o divino repouso santificado do sétimo dia da criação.

> Tenhamos cuidado de não encontrar entre vós quem chegue atrasado, enquanto continua a promessa de entrar no seu repouso. Pois aquele que entrou no seu repouso, descansará das suas obras, assim como Deus descansa das suas (Hb 4,1.10).

- Em que consiste uma simples e renovada volta para Deus, sem novas divagações e sem esforço?

A Oração de Repouso é como um veículo, no qual o orante entra para chegar com segurança até a meta de toda oração. Se ele o deixa por momentos – ou conscientemente, por atividade mental, ou inconscientemente, quando aparecem pensamentos e imagens, desejos e perspectivas –, é só voltar para a Oração de Repouso, isto é, entrar de novo no veículo e deixar-se conduzir. Já que o exercício lhe é familiar, tudo acontece sem problema e esforço. Não há necessidade de nova orientação ou busca.

4
Portas ocultas se abrem

▶ Quem busca[1] realmente, tendo se ocupado com o tema, enfrenta com interesse as perguntas ainda abertas. Só ele está em condições de entender e aprofundar os conteúdos. Para poder atravessar a soleira dessa pureza e bater nessa porta, é preciso ter responsabilidade com a vida, conduta sensível e experiência.[2]

Quem entende claramente de que se trata está perto do discernimento, e quem sabe o que lhe falta aproxima-se do conhecimento essencial.

Cassiano nos fez esperar muito até nos abrir as portas para a Oração de Repouso. Ele está confiante de que seus alunos vão tratar com responsabilidade do tesouro guardado da Oração

---

[1] O buscador de Deus, em última análise, tem condições de achar o caminho para Deus, mesmo sem a ajuda orientadora de mestres espirituais, porque o guia é o próprio Cristo. Mas, no dito caminho da Oração de Repouso, a coisa é mais difícil – como mostram as perguntas abertas –, porque esse modo de orar, que por Cassiano veio dos antigos monges até os nossos dias, requer uma iniciação sensível e um acompanhamento espiritual. Por isso, um mestre experimentado é necessário e vantajoso, para que o aluno evite erros, aprenda de experiências alheias e obtenha respostas para suas perguntas. As instruções que agora seguem, Cassiano as recebeu do seu mestre Evágrio do Ponto.

[2] Cassiano introduz os seus "Vinte e quatro diálogos" com as seguintes palavras: "Bem sabíamos da intransigência e resistência do abade Moisés em abrir as portas ocultas da perfeição para alguém que não a buscasse com desejo sincero e coração contrito. Ele tinha medo de pecar por orgulho próprio ou de cometer uma traição, revelando as coisas sagradas para alguém que não se interessa nem sabe o valor desse caminho, no qual só pode ser iniciado quem realmente tem sede da plenitude do amor".

de Repouso. Ao mesmo tempo sabe que seus alunos tiveram que tolerar por tempo demasiado ressalvas e cautelas. Agora é o momento de experimentar porteiras abertas e a liberdade dos filhos de Deus.

> Um camponês encontrou um dia uma águia que se havia embaraçado num espinheiro, quando queria agarrar uma caça. Levou a ave para a sua casa e meteu-a no meio das galinhas, dos patos e gansos. A águia, rainha das aves, passou a comer ração de galinhas. Depois de alguns anos, o homem recebeu a visita de um amigo que era bom observador. Este, andando por toda a propriedade, disse para ele: "O que faz a águia no meio das galinhas?". O camponês respondeu: "É estranho, mas eu a criei como galinha. Passou a ser galinha e nada mais, se bem que as asas cheguem a medir mais de três metros". O outro respondeu: "Ela nunca deixou de ser águia, porque continua a ter o coração de águia. E por isso vai voar na altura dos ares". O camponês retrucou: "Ela se sente bem como galinha e nunca vai voar como águia". Mas o visitante pegou a águia e a elevou bem alto, com estas palavras: "Você é uma águia que pertence ao céu e não ao terreiro. Estende as asas e voa para as alturas". A águia, no braço estendido do homem, olhou para as galinhas que ciscavam e pulou para o meio delas. O camponês ficou satisfeito: "Eu não lhe disse que ela não passa de uma galinha!". "Não", respondeu o visitante, "ela não deixou de ser o que é. Amanhã vou fazer outra tentativa". No outro dia ele se levantou cedo, pegou a águia e a levou para fora da aldeia, ao pé de um alto monte, quando o sol acabava de surgir, dourando os contornos da serra. Ele elevou a ave e disse: "Lembre-se de que é uma águia. Saiba que é do céu e não da terra. Estenda as suas asas e voe". A águia olhou ao redor, tremeu como se sentisse nova vida, mas não levantou voo. Foi então que o homem dirigiu o olhar dela rumo ao sol, e desta vez a ave estendeu as asas imensas, deu um grito que é só dela, foi subindo e subindo e nunca mais voltou (tradição africana).

A introdução à Oração de Repouso, ensinada por Cassiano, quer dar um suporte à nossa vida, quer nos abrir uma visão maior e fazer-nos experimentar Jesus Cristo como luz no caminho. No nível dessa nova consciência que levanta voo até o infinito, temos condições de captar a verdadeira mensagem de Jesus. Se caminharmos com ele, por ele e nele, nosso coração e nossa mente serão compenetrados de sua verdade.

5
Oração de Repouso ou Oração Hesicasta[1]

Um aluno só domina a arte de escrever as letras depois de ter assimilado as formas por tempo prolongado e após treino diário. Com a gramática, ele só saberá lidar corretamente depois de conhecer as fórmulas.

A mesma coisa vale para a vida espiritual e a instrução na oração. Para aprender a Oração de Repouso, o aluno recebe uma fórmula simples que ele cuida de assimilar pelo exercício. Nela dirige constantemente o olhar interior. Por esse treino, o espírito se afeiçoa cada vez mais com ela. Depois de muito ruminar,[2] essa fórmula[3] é apenas repetida sem acréscimo de pensamentos próprios.

---

[1] A partir do terceiro século, as instruções dos monges sobre a verdadeira oração começam com a purificação do eu. O orante se prepara antes de entregar-se a Deus. A condição para isso é repouso (em grego *Hesíchia*) exterior e interior, que se expressa no silêncio e no desapego de paixões.
Os nomes dados a esse modo de orar são diversos: oração constante, solilóquio, oração de uma só palavra, oração do coração, oração abrasada.

[2] Se for dada uma fórmula com conteúdo que sirva de oração, esta é repetida primeiramente de maneira oral e depois mentalmente. O espírito ativo e criativo logo se ocupa em analisar o seu conteúdo: aparecem associações, recordações e também perguntas. Mas esse perscrutar se esgota aos poucos e deixa o espírito descansar. No uso correto da fórmula, que consiste na simples ruminação interior, o orante não acrescenta nenhum pensamento novo, mas aceita tudo como vier.

[3] "Fórmula" – nas palavras de Cassiano "fórmula *pietatis*" – soa mal para nós porque evoca algo matemático que pode ser contabilizado. A repetição nos parece uma hipnose. Cassiano, baseado na experiência, afirma o contrário: o aprendiz precisa de um modelo para treinar a Oração de Repouso e para perceber a voz suave de Deus. A fórmula – ou melhor, a curta invocação, que é uma palavra da Escritura – é um caminho simples e excelente para

Esse procedimento conduz lentamente para uma nova dimensão do ser e para níveis mais altos de consciência.

A todos que usavam e hoje usam essa maneira de orar, a todos que gostariam de viver constantemente na presença divina, a Oração de Repouso proporciona experiências importantes:

- Pelo ato de pronunciar as palavras interiormente, movido mais pelo coração do que pela mente, a atividade dos pensamentos diminui.

- Pela interiorização da fórmula, o orante experimenta que aos poucos se torna livre de grandes aflições e preocupações pessoais.

João Cassiano recebeu o saber profundo acerca da Oração de Repouso como dom precioso de alguns monges remanescentes da geração dos padres do deserto.[4] Da mesma maneira, ele transmite o conhecimento, a saber, àqueles que procuram esse caminho com grande desejo.[5]

---

encontrar-nos com Cristo e, por ele, com o tu amoroso do Pai. Ela tem parte no caráter eterno da Palavra. De um lado, ajuda-nos a ficarmos acordados e, por outro, evita pela repetição interior uma atividade mental consciente. Isso fica bem claro nas palavras de Cassiano. Pelo uso da fórmula, a palavra se torna experiência. "A oração de um monge não é perfeita, se ele, no correr do exercício, pensar em si mesmo e no fato de estar rezando."

[4] "Devemos ficar no rasto dos padres do deserto sem nos arrogar o direito de andar por novos caminhos e de fazer raciocínios subjetivos. Vamos orientar-nos na doutrina e no exemplo dos padres" (*Collationes* II,11).

Se quisermos chegar a uma perfeição verdadeira, devemos apegar-nos a esses mestres que não fantasiaram em eloquentes disputas, mas que conhecem o caminho por experiência. Eles podem mostrar-nos o caminho mais seguro, que não será alcançado pelo mérito dos próprios esforços. Os verdadeiros mestres alcançaram uma força profunda e uma infinita humildade, que lhes veio da oração daqueles que já estavam sem pecado, provando a felicidade do céu.

[5] Depois de muita preparação e prova, os alunos eram introduzidos pelos padres, de acordo com seu progresso, nos mistérios mais profundos da oração e da fé. Não se permitia que o dom precioso fosse aviltado. Para

Oração de Repouso ou Oração Hesicasta

Cassiano nos confia a seguinte fórmula, para que possamos enraizar-nos numa constante união com Deus: Vinde, ó Deus, em meu auxílio (*Deus, in adjutorium nostrum intende*). Socorrei-me sem demora (*Domine, ad adjuvandum me festina*).

Tanto essa como outras invocações contêm:

- o grito a Deus em situação de aflição e perigo;
- a humildade de uma confissão fidelíssima;
- o despertar de responsabilidade e reverência;
- a confissão da carência humana;
- a confiança na salvação;
- a convicção da proteção constante;
- quem vive chamando pelo protetor pode estar certo de sua presença;
- a expressão de afeto e amor;
- a consciência de estar em perigo e ao mesmo tempo a lúcida vigilância contra tudo que vem do inimigo;
- a consciência de que não podemos libertar-nos de doença e males físicos sem a ajuda de Deus.

Para todos aqueles que sofrem de aflições, a Oração de Repouso é uma proteção segura, uma couraça impenetrável e um muro insuperável. Ela confere um sentimento de aceitação a todos aqueles que perderam o sentido da vida, que têm medo de enfrentar a realidade ou que sofrem com tristeza ou depressão,[6]

---

muita gente, é difícil entender que, quando nos aproximamos do essencial, a verdade seja tão simples. Estamos em perigo de desvalorizar a verdade, já que temos a convicção de que o essencial é complicado e que devemos pagar por ele.

[6] As depressões são consideradas doenças psicológicas que têm causas neurológicas. A pessoa depressiva precisa de tratamento médico. Mas a Oração de Repouso, em sintonia com o médico, pode reforçar o processo de cura.

pois, na invocação de Deus, fazem a experiência importante de não estarem sozinhos na aflição. Cada um recebe a certeza de que Deus sabe das nossas dificuldades, que ele está presente e nos acompanha.

Pela prática regular da Oração de Repouso se desfaz o que temos em demasia: a soberba diminui, a euforia se abranda, agitação acha seus limites e a ilusão se acaba. A Oração de Repouso nasce da convicção de que não podemos manter um estado de felicidade sem a ajuda de Deus. Com invocações pequenas, imploramos a Deus para vir em nosso socorro, sempre e sem demora.

Por todas essas razões, podemos dizer que essa oração mostra um caminho indispensável na direção certa para todo mundo, seja qual for sua condição exterior ou interior. Com a súplica, o orante atesta que reconhece a Deus como seu auxílio e redentor, e que carece sempre de novo do seu amor, tanto na dificuldade e na tristeza como em tempos de contentamento e sucesso. O ser humano, fraco por natureza, tem um desejo natural de ser tirado do fundo do seu penar, de manter-se num nível sadio e de descer das alturas perigosas para ficar numa base realista da vida. Sua existência limitada sempre depende da ajuda e misericórdia de Deus.

A Oração de Repouso, portanto, deve ser usada de modo regular e permanente: em tempos de aflição, para o alívio, em tempos felizes, para a manutenção deste estado e para não mergulharmos na soberba. Rumine esse verso em seu coração.[7]

---

[7] Muitos principiantes têm medo de que sejam levados ao um estado de auto-hipnose pela repetição eterna da fórmula, em vez de orarem de verdade. Mas Cassiano afirma que podemos confiar em Deus. A experiência mostra que tudo corre para o bem dos orantes. Um tal acordar da mente e da alma requer confiança adiantada. Pela Oração de Repouso não entramos em um estado alienante, como mostraram pesquisas científicas. Quem tem prática constata depois do exercício que não foi manipulado nem desviado. A fórmula é nada mais do que uma invocação de Deus, e sabemos que no

Sim, acalente tal verso, e ele se tornará uma oração abençoada para você. Com a Oração de Repouso vai obter uma maravilhosa força revigorante que o fortalecerá contra más influências de toda sorte e o consolidará. Por um processo de purificação, será liberto de todos os vícios e de tudo que não faz parte de você. Essa oração o introduzirá em mistérios celestes e o levará a um fervoroso estado de oração, do qual poucos têm conhecimento.

O jeito cuidadoso com que Cassiano desvenda a Oração de Repouso faz lembrar um rito de iniciação. Ele mostra uma simples fórmula de oração que devemos assimilar e enraizar no nosso espírito. Como ela é simples e curta, ninguém vai perder tempo em analisar seu conteúdo. Sem acrescentar pensamentos próprios, a oração é repetida de um modo suave interiormente. Pelo delicado e secreto modo de falar que aos poucos se torna uma oração do coração, a atividade mental diminui por si mesma. Além disso, o orante percebe desde o começo que nele se desfazem tensões acumuladas, sejam elas corporais ou psíquicas. Cassiano segue estritamente as tradições dos padres, que não somente ensinavam esse caminho, mas o conheciam por própria experiência e sempre asseguravam que ele não pode ser enfrentado com o próprio esforço.

Cassiano faz questão de dizer que só a poucos ele passa o conhecimento dos mistérios mais profundos da oração. São aqueles que acompanharam a longa preparação e passaram nas

---

nome de Deus se realiza a salvação, como podemos ver em At 4,12. Não se força nenhum estado artificial; a fórmula não é repetida com velocidade e com ritmo, nem se quebra a cabeça sobre seu sentido. Ficamos rezando como quem não quer nada, e a palavra se afina cada vez mais, até que se cala completamente e dá lugar a um profundo repouso. Só quando novos pensamentos vêm perturbar, a pessoa começa de novo com a fórmula, repetindo-a interiormente. Na Oração de Repouso o orante apela para o Deus misericordioso. Este se torna o seu centro, e o ego sai do meio. Quem conta com Deus e lhe dá poder pode esperar tudo das suas mãos.

provas. Só então entrega a seus alunos as fórmulas da Oração de Repouso, para que cresçam numa relação permanente com Deus.

As curtas invocações falam alto da necessidade de salvação da pessoa que chama por Deus com humildade, com atenção e reverência. O orante exprime assim sua confiança e esperança, sim, sua afeição e seu amor para com Deus. Ele confessa ao mesmo tempo que sem Deus não vai progredir e, por isso, coloca sua vida sob a proteção divina. A todos é dada a certeza de serem acolhidos, a todos aqueles que se sentem sozinhos e vazios de sentido, àqueles que se acham rebaixados e que duvidam do amor e da vontade salvífica de Deus, a todos os que são apreensivos, que sofrem de depressão ou medo. O acesso a Deus se abre, porque dificuldades são removidas e impedimentos são desfeitos. O orante se convence, depois de curto tempo de exercício, que o Criador se faz presente com seu Filho Jesus Cristo no Espírito Santo e o acompanha em todos os caminhos.

Cassiano adverte para nunca desistirmos dessa maravilhosa oração de entrega, nem nas horas difíceis e tristes, nem nos dias de contentamento e sucesso. A Oração de Repouso diminui o que há de mais e completa o que há de menos. É por isso que ela leva o orante a um bom estado de saúde e a seu fundamento verdadeiro. O que importa é que a pratiquemos sempre: na aflição, para libertar-nos, e na bonança, para manter-nos neste estado.

Se alguém está na vida ativa – assim mostra a experiência e ensinam os mestres –, é aconselhável escolher uma fórmula mais breve. Alguns padres do deserto, e mais tarde os monges do Monte Athos, acrescentaram uma série de invocações. Então, selecionavam uma dentre elas e entregavam ao aluno, muitas vezes durante uma celebração solene. Ou, então, o próprio aluno escolhia uma das invocações oferecidas. Essas invocações serão a seguir apresentadas, começando com a mais comprida e terminando com a mais curta.

Oração de Repouso ou Oração Hesicasta

Deus, in adiutorium meum intende. Domine, ad adiuvandum me festina.
Senhor Jesus Cristo, Filho de Deus, tem piedade de mim pecador.
Vinde, ó Deus, em meu auxílio. Socorrei-me sem demora.
Senhor Jesus Cristo, Filho de Deus, tem piedade de mim.
Senhor Jesus Cristo, Filho de Deus, tem piedade de nós.
Senhor, teu é o querer e o saber. Tem piedade de mim.
Senhor Jesus Cristo, tem piedade de mim.
Jesus, Filho de Davi, tem piedade de mim.
Jesus Cristo, tem piedade de mim.
Senhor Jesus Cristo, Filho de Deus.
Jesus, Messias, Filho de Deus.
Senhor, tem piedade de mim.
Senhor, tem piedade de nós.
Jesus Cristo, Filho de Deus.
Seja feita a tua vontade.
Meu Deus e meu tudo.
Senhor Jesus Cristo.
Vem, Senhor Jesus.
Jesus, meu Senhor.
Senhor, piedade.
Jesus, piedade.
Christe eleison.
Senhor Jesus.
Jesus Cristo.
Jesus Amor.
Maranatá.
Emanuel.
Tu, Jesus.
Christos.
Adonai.
Jesus.
Abba.

O aluno que não tiver um mestre a seu lado pode escolher pela intuição uma invocação que lhe caia bem. Como já foi dito: para quem não é de uma ordem contemplativa, aconselha-se uma palavra que seja curta e fervorosa. O Abade Lucas de Enaton usava e ensinava uma invocação parecida com a de Cassiano. Nela se encontra a primeira fórmula de uma só palavra.

O conteúdo das invocações não deve ser objeto de muita ponderação. A escolha da palavra não precisa ser discutida. Quanto mais o intelecto ficar por fora desse primeiro passo e também, mais tarde, do exercício da Oração de Repouso, tanto mais o orante fará progresso. Para começar, repita várias vezes a sua oração em voz alta, depois baixinho, até que a língua e os lábios já não se mexam na suave repetição. Então, fique dizendo só em pensamento e feche os olhos. A repetição, que começou pelo pensamento, aos poucos é feita com o coração. Tudo isso acontece sem esforço, sem ato de vontade e sem qualquer expectativa.

A duração da Oração de Repouso

Cassiano diz com ternura: "Embala esse verso no teu coração, e ele se tornará uma oração abençoada". Mas orar sem interrupção, mesmo no trabalho e em viagem, é algo que deve ficar somente para o monge que consagrou toda a sua vida e até cada respiro a Deus. Ele fez promessa de louvar o Criador de dia e de noite e de servir a ele com todas as forças. Para os monges do Egito, nada podia tomar o lugar da oração ininterrupta. Já que ganhavam a vida com trabalhos manuais simples, podiam sustentar a oração continuamente.

Essa maneira de viver e orar foi assumida pelos monges do Monte Athos como também por mosteiros posteriores no mundo inteiro. São estas as duas obras bastante acessíveis que em toda parte se publicaram: *Relatos de um peregrino russo*, de autoria anônima, e *Nos montes do Cáucaso – diálogo de dois eremitas sobre a Oração de Jesus –*, de Schimonach Ilarion. Nas duas, sempre se trata da oração sem cessar. Não foi somente o eremita que orientou sua vida sem cessar a Deus, mas também o peregrino, no intuito de pôr em prática a palavra: orai sem cessar.

Quem não tem vida monástica não tente seguir os conselhos dados por monges para monges: siga a regra de reservar um tempo para a Oração de Repouso. Quinze a vinte minutos – duas vezes por dia – são suficientes. Esse exercício que aviva o espírito não se faça imediatamente antes de dormir, porque o caráter estimulante da Oração de Repouso pode impedir o sono. Quem passa da medida pode ter sérios problemas, como mostrou a experiência de quarenta anos do autor. Mas há exceções:

- A Oração de Repouso pode ser feita uma terceira vez, antes de se enfrentar eventos angustiantes.
- No caso de doença, o enfermo pode rezar o tempo que quiser e puder. Enquanto a pessoa sadia reza sentada e erguida, o doente o faz como puder, mesmo deitado.
- A mulher grávida que passa o dia em casa pode praticar a Oração de Repouso mais vezes. Ela vive em profunda união com o filho. Se ela entrar em pleno repouso pela oração, passará bem-estar e aconchego para ele. A experiência mostra que a Oração de Repouso ajuda para que o parto seja mais suave.
- Pessoas idosas, livres da vida profissional, podem aumentar o tempo do seu exercício.

Permanecer com a invocação escolhida e não pronunciá-la

Há pessoas que ficam mudando a invocação, quando acham que não está fazendo progresso no caminho da oração. Isso é um engano. A invocação, cuja vibração aos poucos repercute no próprio orante, não deve ser nem pronunciada nem trocada, porque ela se enraíza nas profundezas do seu íntimo. Essa é uma advertência permanente dos padres do deserto: a palavra é uma semente que deve morrer na profundeza da terra para dar fruto. Ela se enraíza no interior e dá fruto no mundo visível. Quando pronunciada, volta ao rude mundo superficial e perde a força.

> Não queiras mudar a tua oração. A comida não muda, porque o tríplice nome não muda.
>
> Os que se alimentam de mim nunca deixam de ter fome. As árvores que muitas vezes são mudadas não pegam raiz (Gregório, o Sinaita. *Pequena filocalia*. São Paulo, Paulus, 2006).

Cassiano aplica à Oração de Repouso o que Moisés diz a respeito dos mandamentos de Deus.

- Estas palavras que hoje te dou serão gravadas em teu coração (Dt 6,6).
- Estas minhas palavras, gravai-as no vosso coração e na vossa alma (Dt 11,18).

O que ajuda na preparação da Oração de Repouso

A experiência diária de muitas pessoas empenhadas nesse caminho da Oração de Repouso mostra como é importante observar essas regras práticas. Elas orientam e nos abrem para as divinas graças que Deus nos quer dar. Com essas orientações não perdemos tempo em buscas desnecessárias, nem perdemos a alegria na própria oração. Cassiano faz maior questão de organizar o tempo imediatamente antes da oração, momento em que devemos preparar-nos. Duas vezes ele fala dessa preparação que é essencial.

- O tempo antes da Oração de Repouso

"Tudo o que abalou a alma antes da oração emerge quando rezamos, porque a lembrança o traz de volta. Por isso, devemos preparar antes da hora o estado de alma que queremos alcançar na oração, porque esta é influenciada pelo estado interior que encontra em nós" (*Collationes* IX,3). Se afugentamos toda agitação e tensão antes da oração, entramos no repouso mais ligeiro e com mais profundidade. Também devemos evitar novas impressões. De antemão devemos dar uma parada para entrar no clima orante interiormente. Tudo o que pode perturbar ou distrair fique de lado. Esse conselho importante, Cassiano repete mais uma vez no fim do seu escrito sobre a oração. "Aqueles pensamentos que antes nos ocupam vão conosco para o exercício: ou nos elevam ao céu durante a oração ou nos atiram ao chão."

Cassiano não dá maiores detalhes sobre essa preparação. Mas o seu mestre espiritual Orígenes, na sua obra *Da oração*, traz regras a mais que favorecem uma entrada mais rápida e mais profunda no recolhimento.[8] Essas instruções concretas que em seguida são tratadas, Cassiano as conheceu, mas não se referiu a elas, supondo que todos já as conheciam.

- Postura

O orante senta-se ou, no caso de doença, fica deitado. Recomenda-se ficar com a coluna reta, para o bem da espinha dorsal e da cabeça. Importante é que a postura seja agradável e sem pressão. O essencial é que nada seja forçado, nem na atitude interior nem na posição exterior. Alguns preferem sentar-se no chão para ter contato com a terra.[9] Há pessoas que gostam de ficar de joelho durante a oração, mas a maioria prefere uma postura cômoda de assento. Quem na vida profissional ou em viagem não puder retirar-se pode rezar interiormente sem chamar atenção.

Todo preparo exterior para a oração só tem sentido e valor, se for expressão do estado interior do orante. A inclinação ou genuflexão querem dizer que reconhecemos a Deus como o Al-

---

[8] Os capítulos 31 e 32 estão no fim do livro *Da oração*, de Orígenes, e tratam da atitude interior, do lugar da oração, da direção cósmica, da postura e da duração da oração. Compare com *Collationes* 9,8 .

[9] Veja Mt 26,39: Jesus prostrou-se com a face por terra.

tíssimo, que nos enriquece de perdão e salvação. A inclinação é o sinal de que tudo devemos a ele.

> "Por esta causa dobro os joelhos diante do Pai, do qual toma o nome toda paternidade nos céus e na terra" (Ef 3,14-15).

Mas existe também a inclinação ou genuflexão espiritual que se faz em nome de Jesus e que vale para todos os que de Deus se aproximam.

> "Ao nome de Jesus se dobre todo joelho no céu e na terra e debaixo da terra" (Fl 2,10).

Seja onde for que a pessoa esteja, em todo lugar se pode rezar.

> "Quero, pois, que se faça oração em todo lugar, levantando mãos puras" (1Tm 2,8).

- Lugar de oração e a oração comunitária

Para apoiar a tranquilidade e interiorização e para excluir o quanto possível toda distração, procure-se no apartamento ou na casa o lugar mais calmo e mais "santo" para a oração. É claro que não pode faltar boa ventilação. Também é importante saber a história do lugar onde se reza. Será que nele se registra algo que manchou o ambiente: um mal praticado, prejuízo infligido ao próximo, ofensa à lei da natureza? Tal peso negativo abate o orante que a Deus se quer abrir inteiramente e que, no entanto, se vê exposto a energias maléficas, deixando a própria oração sem calma, sem profundidade e vigor. Se um grupo de pessoas se reúne para a oração, cria-se uma atmosfera muito boa, sustentada por todos. A "força do Senhor" e Redentor é apoiada sensivelmente por bons poderes, também chamados de anjos. E ainda concorrem vibrações benéficas que advêm tanto de vivos como de finados.

- "O anjo do Senhor acampa em redor dos que o temem e os salva" (Sl 34,8).
- "O Deus que tem sido meu pastor e o anjo que me guardou de todo mal, abençoe os teus menino..." (Gn 48,16).

Dessa maneira se constitui "uma dupla comunidade": a dos fiéis e dos anjos; uma assembleia excelente, onde "todos estão de pleno acordo" (1Cor 1,10) e "formam um só corpo em Cristo Jesus" (Rm 12,5). Se o lugar da oração for escolhido com critério, ele será um reforço poderoso. Não devemos expor-nos por má escolha a forças obscuras.

- Diversas orientações práticas

Se for possível, deve-se rezar regularmente em tempos fixos diariamente. Caso não dê, por razões pessoais ou profissionais, então se faça o que se pode, mesmo que seja só uma vez por dia e ainda de modo abreviado. Melhor assim do que deixar de rezar completamente. "Barriga cheia" não gosta de oração. Depois de refeições fortes, não se deve rezar antes de passar quatro horas, e depois das refeições leves, uma hora. Antes da oração, procurem-se os alívios que o corpo reclama. Os padres do deserto recomendam começar o dia orando, ao nascer do sol, e terminá-lo fazendo uma oração quando o sol está se pondo. Na oração da manhã, o orante entrega a Deus todos os pensamentos e sentimentos que nele emergem e que talvez se ocupem com o dia que começa. Do mesmo modo, devolve às mãos de Deus, na oração da noite, as memórias do dia que passou e as múltiplas impressões recebidas. Se quiser, ele poderá, antes da Oração de Repouso propriamente dita, manifestar a Deus como se sente e o que mais deseja.

O principiante – no caso de não estar rezando com outras pessoas – deve ficar sozinho num lugar calmo e fechado, sem crianças ou animais. A energia vital e a graça que a oração libera não sejam comprometidas por nada, mas possam dar todo o seu benefício ao orante. Mais tarde, quando, pela Oração de Repouso e pela amorosa afeição do Senhor, a corrente da vida eterna tiver começado a jorrar de modo contínuo e pleno, ela se derramará por si só sobre todos os que são mais próximos do orante e por aqueles aos quais ele é responsável, tanto vivos como mortos. Então, ele irá sentir-se ainda mais agraciado, ao perceber que pessoas a seu redor se tornam mais serenas e se voltam para o Criador ou até vivem totalmente para ele. Pessoas que habitam num mesmo lugar agora já não perturbam a paz, porque aproveitam a graça. Aquele que tem intimidade com a Oração de Repouso é capaz de ajudar melhor um enfermo, porque sente o que este mais precisa para sentir-se melhor. Um moribundo que tiver a seu lado um experimentado na Oração de Repouso terá mais facilidade de desprender-se e de acertar o caminho que leva ao mundo vindouro. Isso porque a entrega cria redenção.

Começando com a Oração de Repouso[10]

- Acompanhamento espiritual

Quem estiver disposto a começar a fazer a Oração de Repouso e a não desistir da oração em eventuais etapas de seca, é aconselhado a ir junto com uma pessoa experimentada nesse caminho de oração. Um orientador espiritual introduz na oração, serve de exemplo e tem visão de conjunto. Ele poderá dar suporte ao orante, a partir da experiência de muitos anos, bem como confirmar os passos dados ou corrigir falhas. Não é fácil seguir sozinho nesse exercício por causa do apego do ego ou

---

[10] Aqui é preciso dizer que a Oração de Repouso não serve para todos, a saber: crianças abaixo de oito anos, pacientes que tomam remédios controlados, pessoas que estão em tratamento psicoterapêutico, dependentes de álcool e droga, os que se encontram deprimidos por grande crise na vida pessoal e profissional, portadores de deficiência mental, fanáticos e os que tendem a exageros doentios na vida religiosa.

devido à dependência de outros. Mas, se alguém busca a Deus sozinho, seja por livre decisão, seja por não ter outro jeito, deve seguir à risca as regras de Cassiano.

- Sinal da cruz

Antes e depois da Oração de Repouso o orante tem de fazer o sinal da cruz para confessar: Deus é o Pai que está no céu. Deus é o Filho que veio ao mundo e com o homem vai até as profundezas da paixão e da morte. Deus é o Espírito Santo que enche o mundo criado e todo universo! Com o sinal da cruz, a pessoa volta toda a sua atenção para Deus.

- A invocação

Depois de sentar-se, o orante fecha os olhos e espera uns dois minutos até começar com a invocatória que escolheu. Esta surge por si só, sem esforço mental, depois de algum tempo de exercício. A invocação de Deus, que tem por conteúdo a harmonização com ele, é repetida sem esforço, com simplicidade e leveza, sem qualquer expectativa. Não se dá atenção a pensamentos que surjam. Se o orante notar que está disperso e já se repete a palavra interiormente, deve voltar para sua invocatória, dando-lhe toda a atenção.

A essência da Oração de Repouso não está em não falar ou no fechar da boca, mas num crescente despertar, que se volta ao Criador. Na mesma medida, a alma acorda. A tarefa da invocatória é manter o orante acordado e defendê-lo de pensamentos ou sonhos, para orientá-lo ao Deus que o criou, numa tranquila vigilância, toda vez que ele se perder em pensamentos, imagens e fantasias. Quem é invocado é Deus, o criador do céu e da terra, a quem a criatura se abre, para lhe entregar na oração tudo o que tem. Deus entra no centro da atenção, quando a pessoa se esquece de si mesma e sempre de novo se volta para o Senhor pela repetição da palavra. Essa oração conduz a um crescente silêncio. O orante assume sempre mais a postura de quem está recebendo. Essa é a maior entrega que existe, e é essa a via de excelência pela qual a vontade e a graça de Deus podem alcançar-nos. Invocando a Deus como criador e a Jesus Cristo como redentor do mundo, aprendemos a confiar nele, entregando-lhe nossa vontade. Nesse ato de entrega chegamos a sentir que Deus tem um plano maravilhoso conosco.

- Mudança da invocatória

Pode acontecer que durante a Oração de Repouso a invocatória tome outra forma de um modo espontâneo. A isso não se dê muita atenção. Se o orante, perdido em pensamentos, perceber isso, voltará para a invocatória que escolheu. Durante a oração – que a gente acolhe da maneira que vier –, a palavra poderá sussurrar ou gritar, poderá mudar de som e de ritmo, num tom ora severo, ora suave, poderá transformar-se em outra ou até desaparecer de uma vez. Esses serão momentos agraciados de profunda quietude, nos quais nem os pensamentos nem a invocatória se fazem presentes. Pode ocorrer de pensamentos virem junto com a palavra ou de o ritmo da respiração se harmonizar com ela. Se isso acontecer por si só, também se dissolverá por si só. Nem os pensamentos nem a respiração devem ser assumidos e conduzidos conscientemente. Em tudo se deve dar prioridade à invocatória, sem esforço nem alarme.

- Entrega de si mesmo

A Oração de Repouso, que conduz ao silêncio diante de Deus, nunca deverá cobrar esforço do orante. Ninguém espera nada dele, e ele não precisa mostrar empenho. A Oração de Repouso junta as forças desordenadas que se voltam para fora, para levá-las a um recolhimento interior. Não precisa de nada: nem de reflexão analítica nem de raciocínio penetrante, para seguir o caminho da entrega. O orante trata de iniciar sua palavra sem pronunciá-la e invoca o seu Criador. Com isso, coloca-o no centro da atenção e, esquecendo-se de si mesmo, se volta totalmente a ele. Essa é a entrega mais forte que há. Sem reter nada para si – no abandono de si mesmo –, oferece o sacrifício que mais agrada a Deus. Pela entrega do próprio ser e do que tem de mais precioso, a vontade de Deus e a sua graça têm porta aberta para enriquecer sua vida com dons ainda maiores do que os oferecidos.

- Expectativas

Todos os grandes orantes, amigos de Deus e místicos, ensinaram e continuam ensinando pelo exemplo que não devemos criar expectativas, e, sim, ficarmos na serenidade e paciência. E se a pessoa espera por algo, seja de modo consciente ou inconsciente, coloque isso também nas mãos de Deus na oração de entrega. Expectativas e pensamentos voluntários limitam a consciência e mantêm o orante na superfície.

> - Naquele momento os discípulos aproximaram-se de Jesus e perguntaram-lhe: "Quem é o maior no Reino dos Céus?". Jesus chamou uma criança, colocou-a no meio deles e disse: "Amém, eu vos digo: 'Se não vos converterdes e vos tornardes como uma criança, não entrareis no Reino dos céus'" (Mt 18,1-3).
>
> - Nisto aproximou-se a mãe dos filhos de Zebedeu com seus filhos e prostrou-se diante de Jesus para fazer-lhe um pedido. Perguntou-lhe ele: "Que queres?". Ela respondeu: "Ordena que estes meus filhos se sentem no teu Reino, um à tua direita e outro à tua esquerda". Jesus respondeu: "Não sabeis o que pedis. Podeis vós beber o cálice que vou beber?" (Mt 20,20-22).

Não sabemos o que podemos alcançar nesta vida pela graça de Deus. Mas sabemos com certeza que nenhuma oração serena, nenhum pensamento e nenhuma ação boa se perderão. Pois purificam a nossa alma e todo o ambiente ao nosso redor, de modo que nossa personalidade possa crescer e desenvolver-se para algo maior.

- Como lidar com os pensamentos

A Oração de Repouso não tem nada a ver com concentração. Ela só exige repetir a invocatória, de modo suave e intuitivo, e dispensa toda atividade mental. Mas os orantes se esquecem disso e sempre acham que devem mostrar empenho, metendo-se no processo da oração que acontece por si só, e assim o vão atrapalhando. Através do profundo repouso para o sistema nervoso e para a consciência, tensões se afrouxam: estas se manifestam em forma de pensamentos, sentimentos e imagens, se tornam conscientes e – se a gente não lhes dá importância – se dissolvem. Esse processo faz parte do primeiro degrau da Oração de Repouso: a libertação de bloqueios e a purificação interior.

Mas também é possível que surjam pensamentos criativos que mostram uma visão mais profunda e que pedem nossa ação. Nem a estes a pessoa deve dar atenção durante a oração, priorizando sempre a sua invocatória. Certamente estes pensamentos positivos voltarão depois do exercício e, então, podem ser assumidos. Pode acontecer que os pensamentos nos levem ao passado, nos prendam no hoje e nos projetem ao futuro. Mesmo que seja para dissolver problemas e tensões: o orante não se envolve nisso, mas volta para a tranquilidade da invocatória. Nenhum pensamento que vem durante a oração é analisado ou levado em consideração. Ao orante basta saber que pela invocação do bom Deus e pelo abandono do próprio ego só poderão advir coisas boas. Depois da oração, muitas vezes temos uma visão mais clara, achamos mais ordem em nossos pensamentos e sentimos energia vital que se oferece para a ação.

- Inquietação e movimentos corporais

Em geral, o repouso já se irradia nos primeiros minutos da oração. Mas se o orante traz consigo uma inquietação ou se ela surge na oração pela dissolução de problemas, de maneira nenhuma deverá reprimir ou negar essa inquietação. Se ele permanece na oração, com pouco tempo o repouso voltará. Se a angústia for muito insistente e ele achar que deve abrir os olhos e movimentar-se, não deixe de ceder a isso: com mais proveito poderá depois mergulhar na Oração de Repouso. Mas levantar-se e interromper a oração seria o caminho errado. Podem surgir situações inevitáveis que nos obriguem a suspender a oração.[11] Quando o problema estiver resolvido, é bom que nos sentemos mais uma vez, nem que seja por poucos minutos, para invocar o Criador e encerrar a oração com a devida calma. Não devemos dar atenção aos ruídos que durante a oração possam surgir. Se aparecer uma pressão interior muito grande, podemos fazer uma pausa e soltar a angústia por uma profunda respiração. É com razão que Martinho Luthero diz: "Solte de vez em quando um profundo suspiro".

- Cansaço e sono

Se o corpo não receber o necessário descanso, a sonolência pode aparecer durante a oração. É prova de que algo essencial faltou ao orante. Em vez de relutar contra o cansaço devemos ceder ao sono, mesmo na oração. A experiência mostra que este sono é curto. Com pouco tempo acordamos muito mais dispostos e podemos reassumir a oração.

Finalizar a Oração de Repouso

O principiante que ainda não tem noção do tempo certo deve marcar a duração da oração com um despertador, que pode ser coberto por um travesseiro ou cobertor, para não assustá-lo com seu toque. Mas, aos poucos, o orante saberá sua hora sem perigo de extrapolar o tempo. Não se levante antes da hora, mesmo quando tem a impressão de que dessa vez não houve

---

[11] Por exemplo, uma ligação telefônica ou uma batida na porta, uma intromissão inesperada, um chamado de socorro, o choro de uma criança, ou algo importante que foi esquecido...

resultado. A consciência não pode julgar o que acontece na Oração de Repouso nem pode avaliar seus efeitos.

Quando percebemos que o tempo se esgotou, paramos com a repetição da invocatória. Os olhos ainda permanecem fechados. No ato de inspirar, fechamos os punhos, abrindo-os de novo ao expirar e afrouxar. Antes de abrir os olhos, é bom fazer um alongamento e eventualmente soltar um bocejo. É importante usufruir de mais alguns minutos de calma, antes de se levantar e passar para as atividades. Assim, fazemos a transição cuidadosa ao encerrar, da mesma maneira como percorremos o caminho inverso para começar: chegamos andando, ficamos parados e nos sentamos. Do olhar passamos ao fechar os olhos. Do movimento externo passamos à moção interior e para o repouso do corpo, da alma e do espírito. Do pensar passamos ao não pensar. Da consciência limitada, a um estado de consciência sem limite.

Depois da Oração de Repouso

- Sinal da cruz e ação de graças

Termine a oração como a começou: com o sinal da cruz. Deixe a gratidão subir até Deus de modo espontâneo. Depois da oração muitos rezam um salmo, um hino, as Laudes ou as Vésperas do breviário. Recomenda-se de modo especial o Sl 103: Hino ao Deus de bondade e do perdão ou o Cântico dos três jovens do livro de Daniel (3,51-90). Muitos manifestam alegria e gratidão com palavras espontâneas. Outros cantam ou dançam, e outros ainda preferem permanecer mais alguns minutos no silêncio da Oração de Repouso.

O Deus que nos fez e gravou sua imagem em nossa alma nos deu a capacidade de acolhê-lo na nossa consciência, de reconhecê-lo e agradecer por sua bondade. Ele vem ao nosso encontro mesmo quando nós nos afastamos dele. Ele nos faz renascer no Espírito Santo. Nesta vida nos prometeu o seu socorro e sua graça, e na vida futura, uma glória inefável. Ele nos deu meios para vencer e clarear a escuridão em nós e no mundo: pela Oração de Repouso de Cassiano, pela Oração do Coração ou pela Oração de Jesus que daí se desenvolveram. Também devemos valer-nos das forças curadoras dos sacramentos, que o Pai nos concedeu pelo seu Filho Jesus Cristo. Em tudo que fizermos por atos e palavras, por pensamento e sentimento: em tudo isso ele está a bater na porta do nosso coração, pedindo entrada. Por todo o bem que do Senhor recebemos, vamos agradecer e bendizer junto com toda criação.

- Aceitar os limites

Devemos ter cuidado para não perder o realismo. Devemos aceitar de bom grado os limites que o tempo e o espaço nos impõem, e voltar para a realidade depois da experiência de oração em que Deus nos fez ultrapassar esses limites. Não podemos voar no caminho espiritual. Zelo demasiado pode danificar o corpo e a alma, e o prejuízo é também para o próximo. A sabedoria nos aconselha um passo moderado que as pernas aguentem. As boas experiências espirituais podem nos tornar insaciáveis, na tentativa de acelerar a caminhada. Para o bem de sua saúde corporal e espiritual, o orante admite os seus limites interiores e exteriores, sem forçar nada.

- Exercícios físicos

Existem muitos exercícios benfazejos, sempre começando com respiração consciente, que facultam maior equilíbrio tanto para o corpo como para a alma. Estes exercícios, desde que sejam suaves, podem ser praticados antes ou depois da oração. Nada de esforço que cansa, porque a nós não interessa mostrar empenho, nem na oração nem no exercício que leva à oração. Nada de exagero, para o bem de um equilíbrio que se possa manter. Ser comedido no comer e beber, dormir em colchão meio duro, moderar a vida sexual, e outras medidas a mais só almejam ajudar a cultivar e zelar os preciosos dons que Deus nos deu. Toda conduta adequada dá suporte ao caminho espiritual da Oração de Repouso, no qual nada deve ser repelido.

- Permanecer no caminho

O orante deve estar convencido daquilo que faz e realizar a Oração de Repouso numa atitude interior que é totalmente voltada a Deus. Se ocorrerem dificuldades que permaneçam por dias, devemos buscar ajuda de alguém que seja experiente tanto nos altos e baixos da vida como na lida desse caminho de oração. Não é prudente agir sozinho e desistir eventualmente do caminho iniciado. Poderá haver momentos de estio e de sede que é preciso enfrentar. Não dá para prever de que forma poderão ocorrer. Em todas as dificuldades devemos procurar o diálogo. O orientador poderá aconselhar-nos um período de trabalhos criativos ou de exercícios terapêuticos: isso não quer dizer que devamos desistir de uma vez da Oração de Repouso. Mas é necessário fazer uma pausa, quando se trata de pessoas que sofrem com extrema angústia, ou que, pelos golpes da vida, pelo álcool ou pela droga, já não são senhoras de si. Os transtornos, entre eles também doenças psíquicas, reclamam tratamento urgente. O indivíduo é responsável não somente por si, mas também pelas pessoas a seu redor.

Depois da melhora, o orientador, de acordo com o médico, poderá aconselhar um reinício com um exercício mais abreviado. Os efeitos fisiológicos e psicológicos da Oração de Repouso – em toda a sua simplicidade – não devem ser subestimados.

- Omitir a Oração de Repouso

A interrupção do caminho iniciado por razões não convincentes só poderá ocasionar atraso. Não estamos falando de motivos superiores de cunho familiar ou profissional ou psíquico ou de saúde corporal. O crescimento de uma dimensão espiritual é sensível e frágil. Uma união vivida com Deus, conscientemente interrompida por um bom tempo, não se refaz no dia em que bem queremos. Se faltar por longo tempo a irrigação de plantas ou árvores a nós confiadas, estas vão secar e morrer fatalmente. Só com o cultivo da oração e com todo zelo podemos manter o frescor da consciência e a união com Deus.

- Aproveitar o potencial

Pela Oração de Repouso com a inerente purificação do sistema neurálgico e pela libertação de bloqueios, manifestam-se capacidades latentes que é preciso não somente acolher como também ativar. Se a intuição e a inspiração apresentarem alguma sugestão, não se faça resistência à sua execução. Sem medo de eventuais risadas ou conversa dos outros, devemos acolher a proposta que espontaneamente nos leva a fazer o que é certo. A Oração de Repouso conduz o orante intuitivamente a agir dentro da justiça e do amor. E este agir, por sua vez, o leva a experiências mais profundas da verdade, tanto na oração como fora dela.

- Efeitos da Oração de Repouso

Assim como todo ser humano é único e individual, do mesmo modo os efeitos da Oração de Repouso são diferentes. A energia vital, liberada pelo profundo repouso que desfaz a carga negativa, flui para onde mais precisamos dela, onde existem nossas deficiências. É por isso que os efeitos diferem de pessoa para pessoa e de oração para oração. A Oração de Repouso feita de manhã tem qualidade diversa daquela feita à noite. Na parte da manhã, a inércia da noite cede à clareza do pensar. Nasce a alegria de enfrentar o dia com eventuais problemas e dificuldades. À noite, no entanto, quando o dia termina, com suas inúmeras impressões, cansaço e sono dão lugar a um novo despertar e até a novas energias criativas. Por isso é bom, para podermos dormir, que a Oração de Repouso não seja praticada depois das vinte horas. Apesar das diferenças individuais, existem experiências em comum. Muitas pessoas experimentadas[12] no caminho da Oração de Repouso relatam:

- A minha vida, antes mais superficial, está despontando. Manifesta-se uma profundidade que eu desconhecia.

- Está se mostrando para mim um novo caminho, bom de andar, que traz à luz do dia coisas boas que antes ficavam ocultas.

- Sinto que há algo obscuro se desmanchando, e me torno capaz de superar e de realizar coisas que nunca ousei imaginar.

- Está crescendo minha alegria interior. E com ela a capacidade de modelar minha vida ao gosto de Deus.

- Nasce o desejo de participar vivamente de celebrações de toda espécie, coisa que antes me causava tédio.

- Muitas coisas que fazia por dever estão se transformando em sinais que chamam atenção; dignas de serem amadas.

- Meu pensar se torna mais claro, minha vontade mais forte, minha disposição mais decidida.

- Eu exigia pouco de mim. Agora sinto que há uma fonte de energia em mim que devo aproveitar.

- Estão diminuindo pensamentos deprimentes e obscuros. Sinto uma liberdade que antes não conhecia.

- Sinto tédio com relação a muitas coisas que antes me atraíam magicamente.

- Fui presenteado com um novo ponto de vista, um espírito renovado e um novo sentido de vida.

---

[12] Durante mais de quarenta anos, em cursos de iniciação na Oração de Repouso, foram preenchidos questionários que serviam de base para a orientação individual. Não tendo espaço para uma análise estatística, aqui se oferece ao menos um resumo geral.

- Estou começando a ter em alta estima o conteúdo da fé e valores religiosos.
- Aquilo que considerava uma fraqueza minha, transforma-se e se mostra o meu forte.
- Está crescendo o ânimo de traduzir em obras os bons pensamentos e as capacidades que tenho.

A experiência mostra que todos os que se levantam da Oração de Repouso dispõem de pensamentos mais claros e de objetivos mais acertados. Possuem não somente o bom propósito de emendar sua vida, mas também a disposição e a capacidade para toda boa obra. Repassam para outros a bondade e o amor que sentiram na Oração de Repouso. Saibam acolher positivamente e suportar sem resistência o que há de desagradável, pesaroso e trágico na vida, quando é inevitável. O que foi dito e experimentado não tem nada a ver com euforia ou com sentimento instantâneo, que logo se desfaz e não resiste à dureza do cotidiano. Os bons efeitos dessas experiências religiosas oferecem um fundamento forte e duradouro.

Possíveis sinais[13] que indicam que estamos no caminho certo

Os critérios que a seguir serão elencados se referem principalmente ao afrouxar das tensões no corpo, na mente e na alma. Mas isso não quer dizer que todos os praticantes da Oração de Repouso devam sentir a mesma coisa:

- profundidade e relaxamento benfazejo;
- desembaraço e leveza;

---

[13] Esses critérios que atestam um exercício sério da Oração de Repouso são de experiências relatadas, colhidas e analisadas durante mais de quarenta anos. Eles, forçosamente, são aspectos mais ou menos exteriores, como mudanças corporais, sentimentos e estados de alma, já que uma oração não pode ser julgada pelo homem em última análise. A espantosa frequência de depoimentos concordantes permite uma listagem resumida.

- um peso foi eliminado;
- experiência de um novo despertar;
- um aguçar da percepção, de modo especial da escuta;
- bem-estar com atenção mais apurada;
- mais afinidade com a invocatória;
- pode sumir a palavra, podem desaparecer os pensamentos;
- mudança na respiração, que se acalma;
- de repente, surge uma respiração profunda;
- aumento de saliva na boca;
- a cabeça se inclina e tem início uma sonolência;
- dormência e peso nas pernas, nos braços e nas mãos;
- sentimentos repentinos que aparecem e somem;
- face relaxada e ausência de esforço;
- sentimento de "assim que está certo" e de espontaneidade;
- sumiu a noção de tempo, que ora passa ligeiro, ora demora demais a passar;
- mudança na sensação de espaço;
- sensação de uma força que ergue e, ao mesmo tempo, prende ao chão;
- percepção de que algo importante acontece na Oração de Repouso;
- alegre espera pelo próximo exercício.

Embora a oração seja sempre a mesma, a experiência muda conforme a disposição do corpo e da alma. Duas pessoas com experiências bem diferentes podem tirar excelente proveito da Oração de Repouso.

Retrospecto de todos os que iniciaram a Oração de Repouso

As oito retrospectivas seguintes têm o objetivo de esclarecer novamente o procedimento.

- Primeira retrospectiva: sentido e objetivo da Oração de Repouso

No fundo do coração, todo ser humano tem o desejo de relacionar-se com o fundamento do ser, com Deus. Os caminhos para isso são muitos. Um critério para perceber que estamos no caminho certo é, depois de vencidas as primeiras dificuldades, conseguirmos caminhar com leveza e prazer; que não haja cobrança de esforço e empenho, e que tenhamos fases de plenitude ao caminhar. Incertezas e dúvidas vão cessar, se tivermos ao mesmo tempo experiência pessoal e consciência do que acontece. O orante há de passar, de corpo, alma e espírito, por tempos de luz, como será capaz de enfrentar fases escuras. O foco em Deus, no qual ele permanece, não tem nada a ver com concentração obsessiva ou qualquer outro esforço. Sendo assim, a oração é no fundo um vaso aberto para receber o amor de Deus e um raio de luz para entender o mistério da vida. Os caminhos que mais nos aproximam de Deus são estes: a leitura da Sagrada Escritura e de bons livros religiosos, a meditação, a Oração de Repouso e a prática dos sacramentos.

O objetivo deste caminho não consiste meramente na realização de si mesmo. O que queremos é receber o amor de Deus e amá-lo de nossa parte. O propósito de muitos "caminhos espirituais" está somente na autorrealização. Mas quando não se põe em foco o Criador e se busca somente vantagem própria, trata-se de caminhos que não levam a lugar nenhum. A pessoa vai criar uma visão errônea de si mesma, dos outros e de todo o universo.

O sentido da Oração de Repouso está em aguçar nossa percepção para entendermos a fina linguagem de Deus, em abrir-nos para o seu amor e em tornar-nos capazes de assumir a vontade de Deus como nossa. As forças naturais e espirituais que emanam do fundamento da criação querem manifestar-se sem barreira no pensar, no falar e no agir do ser humano. A Oração de Repouso faz o trabalho de tirar as barreiras do meio: medo, dúvida, apego, mediocridade, inquietação, sentimento de inferioridade, egocentrismo, sede de poder, falta de disposição, sede de prazer. Se o orante, sabendo-se carente de redenção, enfrenta o caminho com essa visão, poderá ter plena confiança de que Deus o atenderá, conforme diz o Sl 51 nos versos 12 a 14:

> Criai em mim um coração que seja puro,
> Dai-me de novo um espírito decidido.
> Ó Senhor, não me afasteis de vossa face,
> Nem retireis de mim o vosso santo Espírito.
> Dai-me de novo a alegria de ser salvo
> E conformai-me com espírito generoso.

Se o orante seguir as diretrizes do caminho cassiano, seu passo estreito se alargará e seu coração se expandirá. Nesse modo de orar achará segurança e liberdade. Ele vai ganhar uma visão da totalidade e poderá orientar os que estão na busca. Os que se exercitam em cumprir a vontade de Deus pela Oração de Repouso não dão importância a sentimentos que elevam. Antes, constatam mudanças essenciais que levam a uma vida plena:

- aumentou a sua paciência e a perseverança em fases difíceis;
- são capazes de cumprir a vontade de Deus sem hesitar;
- aprendem a responder sem agressividade e sem perder a razão no caso de ofensas e injustiças;
- sabem tratar com bondade as fraquezas dos outros;
- são compreensivos diante das imperfeições;

- guardam a paz em tempo de tribulação, que venha de dentro ou de fora, e confiam em Deus;
- sabem quando é hora de calar e de falar;
- compadecidos, abrem o seu coração, mesmo sabendo dos seus limites;
- são senhores dos seus sentimentos e de sua afetividade e não se deixam dominar;
- na fortuna e na desgraça, conservam a postura e o equilíbrio;
- são espontâneos, sem perderem a cabeça;
- são alheios à sede de poder e prestígio;
- não julgam nem falam mal dos outros;
- têm uma visão realista de si mesmos;
- sabem se posicionar diante dos outros e diante do mundo;
- sabem renunciar, se for preciso, sem inveja dos que têm mais do que eles.

Com o apoio da Oração de Repouso, alcançam esses avanços em menos tempo e mais depressa do que aqueles que só apelam para o esforço da vontade.

- Segunda retrospectiva: não esperar nada e não cobrar revelações

A expectativa de sucesso trava a Oração de Repouso. Se colocarmos tudo nas mãos de Deus, sem reter nada para nós, cessa por si a espera de inspiração divina, de visões, aparições e revelações. Se tais desejos voltarem, devemos tratar de nos reter e humilhar. A força da imaginação é perigosa, porque pode nos enganar. Se o Criador quiser nos levar a uma visão mais profunda, há de achar meios para transmitir seus segredos. Tal benefício se perceberá de modo tão claro e amoroso, que não se poderá ter dúvida nem medo.

- Terceira retrospectiva: por enquanto não se fale sobre experiências

Sejam quais forem as experiências feitas, não falemos sobre isso, a não ser com uma pessoa de confiança. Também não se converse sobre a falta de progresso no caminho espiritual nem sobre o bem adquirido na Oração de Repouso. Esse assunto poderia afastar alguém da oração: a falta de progresso pode fazer com que a pessoa perca a vontade de tentar esse caminho, e a exaltação de boas experiências pode levá-la a superestimar nossa ascese ou sobriedade e a ter um ideal tão alto, que ela sinta aversão por esse caminho espiritual.

É por isso que devemos ter a cautela de não publicar nossas experiências por enquanto, mas, sim, de procurar a partilha com uma pessoa de confiança. Bernardo de Claraval, do séc. XII, um mestre muito experimentado na oração, nos aconselha a escrever no coração com grandes letras: "Mantenho o meu segredo. Meu segredo fica comigo!".

- Quarta retrospectiva: manter a modéstia em tudo

Na Oração de Repouso nos voltamos ao Altíssimo, a quem tudo devemos. Conforme o seu desígnio inefável, Deus nos concede seus dons, retirando-os em seguida, ou ainda deixa de concedê-los. É por isso que nunca podemos saber quando ele nos agracia e com quais dádivas. Também não podemos saber como estamos diante dele. Para não nos orgulhar no caso de grandes graças recebidas, mantendo-nos na humildade realista, é bom lembrar as faltas e imperfeições que temos. Podemos voar, enquanto o Senhor nos der asas, mas sempre sabendo que devemos voltar ao chão para viver nossa realidade. Inclinados diante do Criador e de sua criação, aprendamos a receber de sua mão o que ele reservou para nós.

- Quinta retrospectiva: nada nos impeça de praticar a Oração de Repouso

Oração de Repouso ou Oração Hesicasta

Independente de posição social e lugar geográfico, o orante não deve deixar nenhum dia de reservar um tempo ao Senhor. O horário escolhido para isso tem de ser sagrado. Nenhuma ocupação ou obrigação, nem que seja nobre e caritativa, nos empate de recolher-nos para a Oração de Repouso. Se o corpo e o espírito precisam de alimentação, equilíbrio, descanso e cuidado, a alma ainda mais tem essa carência. Pela Oração de Repouso, colhemos forças que beneficiam e elevam a vida e continuam a dar-lhe suporte, quando as próprias forças se esgotam.

Nos dias de demasiado esforço, em tempos de luto e em eventos de grande desafio, como também nas festas e em dias de grande alegria, é aconselhado procurar três horários para a Oração de Repouso. Assim, fortifica-se ou recupera-se o equilíbrio e supera-se toda dificuldade que nos perturba. O espírito superocupado e desgastado sai do redemoinho por um espaço de tempo e visita o seu interior.

- Sexta retrospectiva: nem relaxar nem exagerar

Devemos evitar os dois extremos – de modo especial se trilhamos esse caminho espiritual por própria conta. Se dermos pouca importância ou fizermos o exercício relaxadamente, não poderemos esperar profundas mudanças. Quem começa precisa de certa disciplina para se retirar regularmente para a oração. Mas, com o tempo, corpo e alma se encarregam de chamar-nos para o descanso interior que a oração nos proporciona. Ninguém se ache autossuficiente, dispensando a oração ou praticando-a "conforme precisar". A bênção está na regularidade, na continuidade e na perseverança.

O exagero, por outro lado, significa perigo para corpo, alma e espírito. Embora a experiência na oração seja de plenitude, a gente não deve puxar por ela a ponto de negligenciar os deveres diários. A natureza humana, especialmente no seu sistema psicológico e nervoso, não sabe lidar com distensão demasiada e com descanso sem fim. Por isso, devemos cuidar de nós na medida certa, com cuidado e carinho. Exageros na Oração de Repouso nos tornam incapazes de enfrentar a vida real. Por isso é importante, especialmente no começo da caminhada, ter um orientador espiritual ao lado ou alguém que tenha uma palavra de peso para nós. Thomás de Kempis (séc. XV) acha que o descaso e a negligência são mais difíceis de curar do que o exagero. Mas os distúrbios da alma causados por fanatismo e oração exagerada não são menos graves.

- Sétima retrospectiva: evitar mentalidade bitolada e fanatismo

Muitas pessoas com boas experiências na Oração de Repouso acham que não há salvação fora dela. De tanto zelo, estreitam a sua visão e passam a ser fanáticos. Chegam a descuidar dos deveres diários e ficam doentes. Não podemos apoiar-nos numa só coluna. A casa de nossa vida – e disso faz parte a vida espiritual – se constrói sobre muitos elementos e muitas colunas. Para não sofrer um desabamento, a casa deve contar com todos os elementos de apoio. A Oração de Repouso é somente um desses, embora seja essencial. O progresso sadio depende do revezamento das fases de descanso e atividade. Quando uma perna se move, o peso do corpo recai sobre a outra. Para dar um passo, precisamos de variação equilibrada. Mais ainda para o progresso espiritual, quantos elementos devem concorrer!

A pessoa não deve fixar-se unicamente na Oração de Repouso. A própria vida está cheia de novas lições que ajudam a discernir o que o momento exige de nós. É importante pedirmos o dom do discernimento, para sabermos escolher o certo entre muitas possibilidades. A melodia da vida não pode desenvolver-se pela vibração de uma só corda. Se o violão tiver uma única corda, a canção não pode ser tocada. A toada só se completa, quando todas elas ressoam. Quem se voltar para um só aspecto da vida religiosa nunca poderá alcançar o acorde cheio e a harmonia da vida espiritual. No relógio mecânico, todas as rodinhas devem trabalhar coordenadas, para que a máquina comece a andar e continue trabalhando. Se uma só rodinha não funcionar direito, os ponteiros mostrarão a hora errada e o relógio parará. Vários componentes devem colaborar em harmonia, para que a vida exterior e interior possa desenvolver-se. As chances que a vida diária apresenta devem ser aproveitadas.

- Oitava retrospectiva: depositar a confiança em Deus

Tudo o que foi dito sobre o desenvolvimento da vida mental e espiritual e tudo o que nos ajuda a bem viver é somente uma preparação para podermos receber a graça divina. Por isso, não devemos confiar tão somente nos meios preparatórios, mas unicamente em Deus. Nunca chegamos ao fim do conhecimento de nós mesmos e nem da contemplação das obras da criação e da reflexão da vida terrestre, vida eterna e divina de Jesus. A mesma coisa acontece com o exercício da Oração de Repouso, que, pelo profundo silêncio, nos quer levar para perto de Deus. No espaço e tempo deste mundo, nunca alcançaremos no caminho espiritual uma mestria e perfeição, como a que podemos adquirir na aprendizagem de uma arte. Não podemos degradar a graça a uma arte que obedeça a regras e ideias humanas. Graça recebida é dom gratuito de Deus, uma dádiva livre que não podemos determinar. Ela flui da imensurável misericórdia divina, conforme o seu querer e o seu divino desígnio.

A Oração de Repouso é um preparo para recebermos a graça que ele quer nos dar. De nossa parte, podemos contribuir evitando o que não presta, tirando obstáculos que há em nós, praticando sempre de novo a oração de entrega silenciosa numa abertura acolhedora. Assim, preparamos o caminho e mantemos a porta aberta, para que os favores do Criador nos alcancem e ele possa estar presente em nossa alma na pessoa de Jesus Cristo e do Espírito Santo.

> "Eis que estou em pé à porta e bato: Se alguém ouvir minha voz e me abrir a porta, eu entrarei em sua casa e cearemos, eu com ele, e ele comigo" (Ap 3,20).

Já aqui e agora podemos tomar providências necessárias em favor desse encontro de Deus com o ser humano:

- conhecer potencialidades e fraquezas próprias, reconhecer limites e aceitá-los;
- usar de humildade, fugindo do orgulho e da prepotência;
- tomar decisões claras e andar na sinceridade em tudo;
- reconhecer a Deus como Criador do céu e da terra. A ele, doador de todo o bem, devemos toda a nossa vida;
- permanecer no caminho da Oração de Repouso e segui-lo com todas as consequências;
- não desanimar, quando de passagem uma cruz pesada nos aflige;
- não se esquecer de agradecer, quando essa cruz for vencida e a gente puder participar da fulgurante ressurreição de Jesus Cristo;
- colocar toda confiança em Deus.

Perguntas e respostas sobre este capítulo

1. Qual é a diferença entre meditação e Oração de Repouso?

A meditação é um caminho de busca, de imaginação e reflexão da verdade. Já na Oração de Repouso, o orante descansa e desfruta do que encontrou. Na meditação, o alimento espiritual é preparado, enquanto na Oração de Repouso ele é degustado. A meditação é o caminho e a partida, mas a Oração de Repouso é a meta do caminho e o objetivo final da prática. Para chegar até lá, todos os conceitos e pensamentos são deixados de lado. O orante é agraciado de profundo repouso e fica focado totalmente em Deus, sem pensar em coisa alguma. Meta e fruto dessa oração estão inicialmente no descanso para corpo, alma e espírito. Mas o objetivo final é o acolhimento do amor de Deus e a união com Deus, que permanece também fora da oração. A mente, ainda em plena atividade na meditação, fica sem palavras e sem ação, quando nos voltamos para o nosso interior. Somos movidos ao fundo de nossa alma, onde se pode distinguir a fina linguagem de Deus que não usa palavras. Para amar a Deus, no fundo não precisamos nem da meditação nem da reflexão.

2. Por que as benfazejas experiências de repouso muitas vezes não são alcançadas durante o exercício? Espero muito da oração, mas tenho a impressão de que pouco recebo. O que significa união com Deus, da qual tanto se fala e pela qual espero?[14]

Se você tiver expectativas com relação à Oração de Repouso, já está bloqueado e sem abertura para aquele que quer lhe manifestar sua vontade e seu amor. Entre na oração sem preocupações e sem restrições e não desista da oração, mesmo que por ora não se veja sucesso. Sempre nos chegam impulsos divinos, mas nem sempre sentimos suas vibrações suaves. Tenha confiança de que só pode acontecer coisa boa na sua oração e não interrompa a prática, nem quando não sentir um resultado que se possa perceber. Coloque-se plenamente nas mãos do Senhor. Ele lhe mostrará seu cuidado no tempo certo, porque lhe dedica infinito amor.

Pela Oração de Repouso, primeiramente se abre o caminho para o encontro entre o céu e a terra. Esse se dá no lugar mais escondido da criação, na nossa alma. Deus, nosso pai celeste, é indulgente e tem infinita paciência conosco. Se estivermos longe dele e afastados de nossa natureza verdadeira por faltas, peca-

---

[14] Na resposta, não se pode fugir do tratamento pessoal, já que as perguntas são muito individuais e práticas.

dos e decisões erradas, tendo acumulado obstáculos, então vai demorar um tempo até que esses empecilhos sejam perdoados e dissolvidos. Tenha paciência consigo, assim como o Criador tem imensa paciência com a gente. O caminho seco que tiver de atravessar lhe será de grande proveito. A remoção dos bloqueios que impedem a união com Deus vai até as esferas mais sensíveis. E isso se faz de um modo tão suave e imperceptível, que a gente quase não se dá conta. Mesmo tendo a impressão de que nada acontece, saiba que muita coisa está se realizando. Esteja certo: pela Oração de Repouso, sua vida espiritual faz avanços que em tempo indeterminado se mostrarão de modo surpreendente. Não importa nem a sua noção atual sobre a Oração de Repouso nem a sua impressão na oração. O que interessa é unicamente a sua decisão de devolver a Deus na oração uma parte do tempo que ele lhe deu para viver, voltando-se totalmente a ele. O que nos sobrevém e o que precisamos poderá não ser doce e agradável para nós. Trabalhos preparatórios para uma festa já contêm a alegria da festa, mas significam primeiramente esforço e paciência.

Continue a sua oração com cuidado e vigilância interior, entregando-se sem nenhuma expectativa. Não se meta, no meio da oração e do silêncio diante de Deus, em algo que por si mesmo quer brotar e manifestar-se à sua pessoa. Persevere na oração sem perguntar o que há de ganhar com isso. Não se intrometa no plano de Deus. A aparente falta de graça é substituída por humildade, entrega e perseverança. Essa constância na oração se vê na parábola da viúva que não desiste de apelar para o juiz, até que ele resolva o caso dela.

> "Por acaso não fará Deus justiça aos seus escolhidos que estão clamando por ele dia e noite?" (Lc 18,7).

Oração de Repouso ou Oração Hesicasta

3. O que posso fazer contra tantos pensamentos perturbadores que surgem na oração? Tenho a impressão de que não sei rezar de jeito nenhum. Será bom interromper a Oração de Repouso para retomá-la numa outra hora?

Se vierem pensamentos, fantasias e imagens, não daremos importância a eles, para que não ganhem força sobre nós. Dê prioridade à invocatória e deixe os pensamentos passarem, sem ligar-se a eles. Todo esforço para lutar contra os pensamentos ou para afugentá-los é perdido. Enquanto permanecermos na invocação de Deus, os pensamentos não nos dominarão. Se nosso interior por enquanto produz somente espinhos e abrolhos, em vez dos frutos esperados, é porque nós os deixamos crescer. O Senhor vai nos ajudar a limpar o solo nutritivo de nossa alma de toda erva daninha, de modo que possa produzir algo bom. A cada investida de distração retome a invocatória e não se deixe desanimar por nada. O Senhor nunca nos vai deixar; somos nós que nos afastamos dele sempre de novo. Mesmo quando você achar que isso não é oração, coisa importante está acontecendo no decorrer desse tempo. O caminho para maior profundidade da fé e maior proximidade com Deus está sendo desentupido do entulho, e assim a criatura poderá receber o amor do Criador de um novo modo. Não ceda ao desejo de finalizar a luta diante de tanto pensamento, volte sempre para a oração e cumpra o seu horário.

4. Surgem em mim até pensamentos e sentimentos contra Deus, o que muito me assusta. Como posso lidar com isso?

O perigo desses pensamentos é de que a gente queira desistir da Oração de Repouso e até das celebrações. Só podemos repetir o mesmo conselho: volte para a invocatória, não dê atenção a pensamentos e sentimentos que queiram afastá-lo de Deus. Deixe passar essa tribulação, sabendo que isso vai ajudar a abrir o caminho para uma maior interiorização e afinidade com Deus. Não se deixe dominar por tais pensamentos e sentimentos. Mas não use a força da vontade na repreensão dessa rebelião, para não prendê-la no cárcere do seu interior. O que quer sair, que vá... um peso a menos para os seus ombros. Deixe o protesto gritar; depois o caminho se abre para coisas mais elevadas.

Mesmo quando lhe sobrevém uma aversão: até isso será passageiro. Portanto, fique firme e não se deixe perturbar por nada. Sentimentos sombrios não devem frear o seu caminhar. Quando se fazem notar, não lhes dê atenção e volte para a sua invocação. Não mostre medo, quando esses sentimentos surgem no seu interior e se transformam em dúvidas. O medo só faz aumentar as forças obscuras que por um momento empatam o acesso à luz.

Alguém perguntou a um sábio: "Por que não tiro minha vida, jogando-me debaixo de um trem no exato momento de rezar a minha invocatória? Assim alcançaria a salvação sem esses anos de exercício penoso". O sábio respondeu: "Só que desse jeito o seu último pensamento não seria uma oração e, sim, um desejo egoísta".

5. O edifício da minha fé começa a danificar-se. Apoderam-se de mim dúvidas e pensamentos ateístas. Antes de iniciar a Oração de Repouso, a minha fé era mais estável. A oração não deveria produzir o contrário?

A fé profunda e verdadeira tem pouco a ver com aquilo que nos ensinaram e com o que a gente adquiriu lendo e refletindo. Quem construiu esse edifício foi nosso desejo. A verdadeira fé, que tem suas raízes na alma, tende a expandir-se para fora, na medida em que ela cresce pela Oração de Repouso e pela experiência da vida. Nesse desabrochar irresistível, tudo aquilo que se atravessa no caminho desfaz-se e cai por terra. Dúvidas de fé e pensamentos ateístas são uma fase transitória em que nossa fé adquirida começa a se desfazer e a fé interior ainda não tem força para nos sustentar. Muitas vezes demora um tempo, até que a gente perceba a crescente dimensão nova. Tome consciência de que a sua fé genuína ainda está fraca e precisa de apoio. O Deus amoroso que vem ao seu encontro com a divina graça bondosa transformará incerteza e dúvida em certeza e convicção. Entrando na Oração de Repouso, procure ver o Criador como o Altíssimo, chamando pelo seu nome com humildade e reverência. Pensamentos que avaliam e julgam cedam lugar a uma atitude sem preconceito, como é própria das crianças. O Senhor revela seus mistérios aos pequenos, mas dificilmente a adultos apegados a pensamentos fixos e complicados. Não se precipite em querer saber os desígnios de Deus. Feche durante a oração os olhos do intelecto e abra os olhos da intuição e da alma. Esteja aberto àquilo que está para se revelar a seu interior: uma visão ampla da vida e da fé. Os olhos da alma são janelas para a eternidade que lhe fazem ver as razões e os motivos de Deus, de modo que possa perceber e amar suas obras. Os luminosos mistérios de Deus se revelam à sua alma, já que nem os olhos corporais nem os olhos da mente são capazes de captar uma luz tão grande e tão pura.

Falta de fé e dúvida podem gerar em nós sentimentos odiosos, levando-nos à convicção errônea de que Deus não existe. Por isso, em fases de transição, aumente o zelo pela oração, apesar da sua suposta falta de fé e das dúvidas. Tenha certeza de que o Senhor lhe dá uma atenção amorosa e que, depois de vencido o trecho de sequidão, algo especial lhe acontecerá.

6. Às vezes tenho medo de entregar-me à oração. Sinto-me como quem perdeu o controle. Isso é certo e normal?

Dê graças a Deus se a Oração de Repouso já lhe permite silenciar-se diante de Deus, numa quietude antes não conhecida em sua profundidade. Não tenha medo, porque nada pode acontecer-lhe. Confiante, deixe sua vida cair nas mãos de Deus. Dê provas de sua coragem e continue o exercício, em vez de fugir com medo e sair do silêncio. Saiba que grandes coisas estão lhe acontecendo. No profundo silêncio perceberá uma crescente proximidade do Eterno. Os limites de espaço e tempo se desfazem quanto mais perto chegarmos. Aceitando intimamente esse estado sem fronteira, sua vida interior vai crescer, e depois da oração saberá lidar muito melhor dentro dos seus limites. Durante a oração, você está cercado por boas forças eficazes que chamamos de anjos. Eles vigiam e tomam cuidados para que nenhum mal nos aconteça e tudo concorra para o nosso bem.

7. Muitas vezes o cansaço me vence, e eu durmo durante a Oração de Repouso. Isso me aborrece. O que posso fazer?

Quando você dorme durante a oração, é sinal de que está supercansado e que o corpo precisa urgentemente de sono. Ceda a essa necessidade e não se deixe irritar. Com pouco tempo voltará a um novo despertar e poderá continuar a oração com disposição. Repita a invocação de Deus sem fazer grande esforço e suavemente, até experimentar no silêncio um repouso profundo e curador. Quando completar o tempo, levantar-se-á fortalecido. Quando chegar o horário previsto, comece a Oração de Repouso, mesmo sentindo cansaço, com o risco de adormecer. Pode acontecer de logo sentir energias revigorantes ou, depois de um curto cochilo, ficar bem desperto. Volte então novamente para a Oração de Repouso e termine-a em boa hora com um AMÉM consciente. Se, por outro lado, for o sono da moleza que lhe sobrevém na oração, pode ser por causa de excesso no comer ou por uso demasiado de bebida alcoólica. Modere-se e sacie sua sede com água pura. Não deixe de implorar ajuda daquele que sempre está pronto para vir em nosso auxílio.

8. Tenho aversão por palavras como "desenvolvimento espiritual", "progresso interior", "descanso da alma", porque não sinto nada disso. Por outro lado, me sobressaltam fantasias de "santidade". Como explicar esses sentimentos?

Se a sua postura oscila entre atitudes tão contrárias, é necessário prestar atenção e observar as causas disso. De um lado, você sente aversão contra os passos progressivos da vida espiritual e, do outro, os desejos voam alto demais. Não é fácil expressar em palavras experiências da fé, sobretudo quando entram na vida mística. Se as ditas expressões, que, de fato, não dizem muito, lhe causarem aborrecimento, pare com tanta leitura e dedique-se mais à prática da Oração de Repouso. Se o próprio empenho lhe der uma noção da importância do silêncio diante de Deus, a sua aversão contra certas formulações desse caminho espiritual vai se acabar. Palavras não são importantes. O que importa unicamente é sua experiência íntima dentro da sua fé genuína.

Não confie somente em si e nas próprias forças, mas recomende-se à graça divina. Antes desconfie das suas opiniões mutantes e dos seus sentimentos oscilantes. Sua esperança esteja bem fundamentada na bondade de Deus, para quem nada é possível. Não ocupe o pensar com sua dita santidade, porque ao fazer isso mostraria quão longe se encontra dela. Para lidar tanto com a aversão como também com a presunção espiritual, nada melhor do que a leitura da vida dos santos: o caminho deles também foi cheio de pedras.

9. **Pela Oração de Repouso, a minha fome de instrução religiosa e de experiências nesse campo vive crescendo. Como devo lidar com isso e o que posso fazer?**

Seja grato por esse desejo. Mas tenha cuidado e não caia em exageros. Experiência e instrução têm que andar juntas. Temos que saber o que acontece, mas indagação intelectual demasiada prejudica. A fé praticada e vivida tem um desenvolvimento lento. Não seja impaciente e não use de exagero, nem de um lado nem do outro, no querer e no agir. Quanto ao saber, pouca coisa podemos entender. Isso se faz passo por passo na medida das nossas experiências. Apesar do alto valor das ciências, a divina sabedoria ultrapassa todo o saber humano e toda a nossa inteligência. O primeiro passo é treinar a nossa receptividade para o divino amor pela Oração de Repouso. Tudo o mais, como melhorar e completar o saber, vai ter a hora certa. No fim, não nos perguntarão pela leitura e pelo saber acumulado. Seremos medidos pelo tamanho do nosso amor.

10. Depois da Oração de Repouso, sinto um imenso impulso de ajudar os outros, de levá-los ao caminho "certo" e de engajar-me mais na minha profissão. Será que é uma fase passageira? Devo dar atenção a isso?

Também nesse ponto podemos alegrar-nos, vendo transbordar nosso amor e nossa vitalidade. Mas a verdade é que só podemos dar o que temos e investir o que adquirimos. "Sacrificar-se" pelos outros pode ser caridade mal-entendida que prejudica a sua vida e também a dos outros. Vá devagar e coloque um freio no zelo emotivo. Ao entrar nos assuntos íntimos de outras pessoas, poderá angustiar a sua própria consciência.

Não tenha a presunção de querer levar o outro ao "caminho certo". Não fique se oferecendo; antes se mantenha em posição discreta. Não queira "mostrar empenho" e exija de si somente o que for possível. Organize a sua vida pessoal e profissional de maneira que sobre tempo para cultivar na oração o descanso e a paz interior da sua alma. Nada de exagero, nem na atividade nem no tempo dedicado para a oração. Procure agir a partir do seu equilíbrio, para não perder a calmaria interior. Essa é a atitude que Paulo chama de "andar no espírito de Deus".

Se você estiver alicerçado no fundamento de todo o ser e alimentado pela raiz de todo o bem, a sua Oração de Repouso vai adquirir tal riqueza e tanta profundidade, que a sua vida vai ser bem-sucedida em todos os sentidos e plena tanto exterior como interiormente. Você carregará em si a certeza de estar envolvido pelo amor de Deus, venha o que vier.

6 | A perfeição da Oração de Repouso

▶ Depois que a Oração de Repouso estiver ancorada em nossa consciência, a atividade reflexiva diminuirá devido à repetição da invocatória e a mente se desapegará de toda posse. Então, o espírito poderá vibrar com leveza e simplicidade na pobreza da curta invocatória, até que chegue o estado de felicidade que o Evangelho chama de "bem-aventurado". É assim que podemos entender a primeira bem-aventurança: "Felizes os pobres de espírito, pois eles possuirão o Reino dos céus" (Mt 5,3). Feliz de quem alcança essa pobreza de espírito, porque para ele se cumpriu a palavra: 'Pobres e indigentes irão louvar o vosso nome'" (Sl 73,21).

Poderá haver uma pobreza maior e mais santa[1] do que essa, quando reconhecemos que somos impotentes de nossa parte e precisamos da ajuda de outros? Toda a nossa vida não depende em última instância de Deus e de sua bondosa atenção? Por isso, podemos ver-nos como pedintes diante de Deus: "Quanto a mim, sou pobre e desvalido, mas o Senhor cuida de mim. Sois meu protetor e libertador; ó Senhor, não tardeis"[2] (Sl 39,18).

---

[1] Na Oração de Repouso, o orante vive e respira essa pobreza cada vez mais. Ela é idêntica ao repouso simples e harmonioso que contém em si toda a riqueza da criação; ela parece com o repouso de Deus no sétimo dia. Esse repouso, no qual se manifesta de maneira escondida todo o ser, todo o vir-a-ser e perecer, começa aos poucos a tomar conta do orante, e ele poderá experimentá-lo em toda a sua riqueza, dependendo da realidade de cada um.

[2] Esse verso, igual à fórmula cassiana da Oração de Repouso, é a humilde confissão de pobreza das mãos vazias do orante que Deus quer encher.

Aquele que está embaixo vai subir aos poucos, reconhecendo de muitas maneiras os rastros divinos, e Deus mesmo vai iniciá-lo nos mistérios profundos e escondidos da criação.

"Felizes os que são pobres diante de Deus!", este apelo é um paradoxo que a mente não pode aceitar. Cassiano afirma que a plenitude e a riqueza da Oração de Repouso estão na sua pobreza. Isso só vai entender quem experimentou a pobreza perante Deus na oração. Para ele, a palavra de Jesus está bem explicada e nela achou tudo que queria.

> Dois irmãos chegaram à ermida de um ancião que vivia retirado no deserto. O primeiro falou para ele: "Eu decorei todo o Novo e o Velho Testamento". O ancião respondeu: "Você encheu o ar de palavras". O segundo falou: "Eu copiei o Velho e o Novo Testamento e o levo aqui em minhas mãos". A ele o ancião respondeu: "Você encheu sua cela de papel. Vocês não conhecem aquele que falou: 'O Reino de Deus não consiste em palavras, mas em vigor?'" (1Cor 4,20). Então, os irmãos perguntaram ao ancião como poderiam alcançar esse vigor. Ele lhes disse: "Se vocês procuram aquietar o coração pela Oração de Repouso, já é um começo. Pouca coisa é necessária para isso. Sem decorar e copiar, o essencial lhes será dado pela austera pobreza de uma curta invocatória".

Cassiano sabe que essa oração – contanto que seja feita todo dia – lança suas raízes na esfera íntima da pessoa. Ela liga o orante à dimensão divina que vive escondida na alma humana e aviva essa dimensão na consciência. Sabendo que o aluno já pratica a Oração de Repouso, Cassiano passa para um contexto maior, falando do estado de bem-aventurança como base e essência da Escritura. Se na Oração de Repouso a atividade mental diminui mais e mais e, por conseguinte, toda posse espiritual é abandonada, surge a pobreza de espírito, da qual o Evangelho fala. Pobre, para Jesus, é aquele que não paga adiantado para ser libertado e curado. Essa pobreza de espírito perante Deus não se alcança com a vontade, mas somente pelo exercício da entrega. Já que a mente humana sempre vai pelos caminhos do pensamento, da fantasia e das imagens, ela recebe uma fina atividade que a ocupe: a fórmula que tem por conteúdo a invocação de Deus. Na tradição orante, essa palavra é muito breve, e por isso Cassiano fala da "austera pobreza de uma curta invocação".

De fato, comparada com os salmos ou orações pessoais formuladas, a invocatória da Oração de Repouso é pobre mesmo. E se ela, na simples repetição, se tornar o único conteúdo espiritual do orante, de fato podemos falar de pobreza de espírito. Somente aquele que não traz nada está livre para receber o que Deus tem para dar. Importa entregar a Deus todo o nosso ser e tornar-nos pobres diante dele. Essa pobreza que o orante exercita na Oração de Repouso pela entrega total lhe dá a melhor condição para ser aceito por Deus e receber a salvação.

Muitas pessoas que usam esse caminho afirmam que de vez em quando lhes é dado na oração um estado de grande felicidade. Cassiano diz que esse é o estado que o Evangelho chama de bem-aventurado. Se esse sentimento for constante, não somente durante a oração, mas também fora dela, os padres do deserto falam de perfeição da oração.

O orante reconhece que sua vida depende totalmente de Deus e de sua bondosa atenção. Ele sabe de sua pobreza que nesse estado de felicidade se torna sua plenitude e sua riqueza. Numa grande quietude percebe tudo o que lhe é dado, e as coisas se tornam para ele claras e sem mistério. Portanto, para aquele que está na perfeição da oração dada por Deus, acabou-se tudo o que antes o atormentava. Medo de alguma coisa ou angústia não existem mais para ele. A pessoa sabe que Deus está a seu lado, e nada lhe pode acontecer. A essência da Escritura se abre para ele, porque o seu coração vibra em consonância com a Sagrada Escritura. A verdade reconhece a verdade. Cassiano diz até que nesse estado o orante tem a impressão de ele mesmo ser o autor.

As palavras que Jesus falou no monte das bem-aventuranças se tornam uma certeza absoluta, e a oração de Jesus, quando no Monte das Oliveiras entregou sua vida nas mãos de Deus, passa a ser para o orante uma experiência que ele sente no corpo e na alma. Na sua pobreza, a Oração de Repouso é morrer com Cristo, para ressuscitar com ele. O mistério da fé torna-se realidade vivida.

> Toma como exemplo a grandeza e a dedicação da Mãe de Deus. Ela não podia explicar com a mente o milagre de Deus que nela crescia. Mas, sem reserva, disse sim ao desígnio do Criador. Nesses momentos de entrega ao amor de Deus, que tendem a ser permanentes, o próprio eu sai de cena, e tu sentes, sem contribuição de tua parte, a "pobreza" interior que o Senhor proclama bem-aventurada. Por esse desapego de tudo, tu te abres ao divino amor que vem a teu encontro, para em ti ficar e morar.[3]

Jesus Cristo veio para nos mostrar esse caminho até o Pai, o caminho que ele mesmo andou. Declarando felizes os pobres de espírito, ele quer ensinar tal caminho a todos, para que possam chegar perto de Deus e achar o paraíso perdido.

---

[3] Clara de Assis, II. Capítulo da Regra. Clara (1193-1253) foi a primeira mulher na história que escreveu uma regra reconhecida por Roma. Na primavera de 1212, aos dezoito anos, ela deixou para trás todas as seguranças humanas. Seu futuro estava aberto para tudo. Só sabia que queria seguir Francisco como orientador. Por intermédio dele, pôde morar em São Damiano, numa pequena igreja que já tinha a marca dele. Francisco, seus irmãos e até o Cardeal Hugolino, que mais tarde foi o Papa Gregório IX, vinham se aconselhar com ela. Ela ampliava o horizonte espiritual das suas irmãs através dos pregadores que convidava para ir a São Damiano. Sua ideia básica era: ser pobre por amor de Deus, que se fez pobre por nós. Procurou a pobreza, pela qual ficava mais perto de Deus.

7
A chave da íntima fonte de vigor

▶ A seguir resumimos os testemunhos de pessoas que praticam a Oração de Repouso:

- A Oração de Repouso dá a certeza de sermos sustentados por dentro por um centro vital que nos foi dado e que só espera para ser descoberto e reconhecido por nós.
- Ela é nada mais do que uma chave simples que abre a íntima fonte de vigor.
- Quando nosso eu sai de cena, damos os primeiros passos importantes no caminho com Deus.
- A Oração de Repouso, em meio à agitação que nos rodeia, nos permite perceber o convite ao silêncio, nos faz atender as moções profundas do coração e nos dá ouvidos para a fina linguagem de Deus.
- Essa oração simples concretiza e intensifica a caminhada espiritual que leva ao cristianismo e nos faz viver nele.
- A Oração de Repouso sacia nossa sede de integridade, de harmonia de espírito, corpo e alma, e nos ajuda a reconhecer e dissolver as sombras escuras que há em nós.
- Pela prática regular do exercício, o orante consegue encontrar-se e aprende a fazer suas próprias escolhas. Ele se livra de pesos que oprimem, fica transparente para o espírito de Cristo, de modo que possa encontrar o seu próprio caminho e seguir nele com decisão.
- A Oração de Repouso é uma forma cristã de orar que tem por conteúdo a invocação de Deus. Por meio dela, o

orante acha não somente um alívio e nova energia para o corpo e a alma, mas também uma plenitude na fé e, por conseguinte, progresso espiritual.

- Esse caminho espiritual tão simples faz a pessoa se encontrar, abre sua vida para o amor e a faz experimentar a presença de Deus.

- Esse exercício pode ser praticado sozinho no dia a dia e não significa um novo peso. Ele tem grande força de transformação, porque apela para todo o nosso ser e não só para a mente.

- O objetivo desse modo de orar é fazer com que a escondida profundidade – e com isso o espírito de Cristo em nós – se torne consciente e possa agir concretamente na vida cotidiana.

- Temos tanta coisa para quebrar a cabeça, temos tanto assunto. Mas nessa oração descomplicada entramos no silêncio e na tranquilidade. Ficamos aliviados nessa invocação confiante e amorosa do nome JESUS. As profundezas inconscientes da alma participam dessa oração. E nós mergulhamos num repouso cheio de Deus.

- A Oração de Repouso só mostra sua força toda, se colhemos os seus frutos e os integramos na vida diária.

- Essa oração se alimenta das profundezas de nossa alma, do Espírito Santo derramado em nós, e não da nossa vontade ou de nossa respiração.

> A esperança não ilude, porque o amor de Deus foi derramado em nossos corações pelo Espírito Santo que nos foi dado (Rm 5,5).

Muitos orantes perguntam aos mestres qual o motivo de tantos pensamentos que surgem durante a oração e atrapalham a jaculatória. Por isso a pergunta: O que se pode fazer contra a inquietação mental e a divagação dos pensamentos durante a Oração de Repouso?

8
Como lidar com os pensamentos

O cérebro humano com todas as suas funções, entre outras a capacidade de pensar, é a maior bênção do Criador, a mais excelente dádiva de Deus para o seu humano. O pensar funciona espontaneamente, sem esforço e apreensão. É algo que nos é próprio e natural, nascemos com essa capacidade. Não é coisa que precisamos experimentar para saber. O despontar de um pensamento, seu desenvolvimento e a projeção do pensar para o falar e agir: todos esses processos nos são familiares e não custam esforço.

Com a mesma leveza com que os pensamentos chegam e somem, o orante começa a sua invocatória na Oração de Repouso. É como se ele embarcasse num carro que toma a estrada para a vida interior. Assim como um objeto em queda está sujeito à força da gravitação, sendo atraído pela terra, do mesmo modo a alma humana sente atração por forças celestes.

> E eu, quando for elevado da terra, atrairei todos a mim (Jo 12,32).

Se a alma estiver leve e sem embaraço – Cassiano a compara com uma pluma –, ela pode ceder ao movimento atraente e voltar-se ao Criador em atitude receptiva. Mas, se ela for pesada, ficará colada ao chão e quase não se mexerá. A calma profunda que corpo e alma experimentam na Oração de Repouso desaperta as regiões tensas e abre caminho para o Deus amoroso que lhe vem ao encontro. O repouso crescente solta tensões criadas no corpo e no sistema nervoso e alivia contrações e achaques do espírito e da alma. Com isso, fica ociosa uma energia antes ocupada que se expressa de algum modo e quer sair. Esse processo de purificação pode mostrar-se no corpo com uma respiração mais profunda, com sonolência, com movimentos não controlados durante a oração, com uma percepção mudada do corpo e do espaço ou com dores[1] que fora da oração não aparecem.

Assim como o corpo, quando se encontra em estado de repouso, expele tudo o que não é dele, do mesmo modo reagem o espírito e a alma no seu nível que é mais fino. Quando soltam tensões, estas se expressam em forma de pensamentos, sentimentos e emoções. Também os sonhos são vistos por muitos como purificação da alma. No ato da limpeza, quem vai se preocupar com o lixo? O que interessa é o terreiro limpo. Da mesma forma devemos tratar pensamentos que surgem durante a oração. Esse assunto, já tratado, seja abordado de novo, agora que chegamos ao fim da escola de oração cassiana, porque o fluxo de pensamentos durante a oração é um problema para muitos. Ficam procurando um registro que feche esse fluxo, porque acham que isso é prova de que não sabem rezar direito. Nada disso: os pensamentos que surgem sinalizam que algo se moveu no seu interior e está para se desfazer, porque não é da essência do ser humano. Só pode dissolver-se aquilo que atrapalha no caminho da vida e da fé e que não lhe é próprio.

Não vamos alongar-nos sobre isso, porque a ciência ainda não esgotou a pesquisa no campo dos pensamentos, de onde vêm, como nascem e somem. Basta saber que pensamentos, como também sonhos, podem ser valiosas dissoluções de tensão. Mas nem todos são assim. Pode haver pensamentos que são impulsos criativos dados pelo santo Espírito Divino, que querem ser colocados em prática. Ou, então, eles vêm por aí, inocentes como o simples pensar que conhecemos fora da Oração de Repouso. Por isso, o essencial não é o que acontece durante a oração, mas, sim, a mudança que acontece na vida do orante.

---

[1] Há pessoas que buscaram examinar essas dores, e o médico flagrou uma doença no seu início.

Toda análise daquilo que acontece na Oração de Repouso é especulação. Daí resulta a simples regra: não se preocupe com nada durante a oração, repita a invocatória de um modo suave e silencioso, mais com o coração do que com a mente, e volte para ela, quando sente que se desviou. O orante pode estar certo de que vai reencontrar fora da oração tudo aquilo que foi inspiração importante para ele. Portanto, nunca se levante durante a oração para anotar algo que lhe poderia escapar.

Se o orante tiver perdido o profundo repouso por pensamentos que surgiram, e, portanto, se encontrar na superfície, assuma a invocatória de novo e mergulhe no seu interior.

> Um irmão confidenciou a um ancião: "Meus pensamentos ficam pulando por aí na Oração de Repouso e isso me aborrece". O mestre o acalmou, dizendo: "Não se preocupe com seus pensamentos, se eles vêm por si e você os deixa ir embora quando querem. Imagine o potro de uma jumenta que pula para lá e para cá, mas sempre volta até a sua mãe. A volta para a Oração de Repouso você a consegue facilmente, mesmo entre os pulos dos pensamentos, se retorna à invocatória sem esforço e a repete baixinho. Tenha paciência".

Esse é o caminho da Oração de Repouso que leva ao nosso interior. Ela está em alternância com a viagem ao exterior, assim como a expiração se reveza com a inspiração. Assim, não caímos no perigo de nos perder na oração e de não achar o caminho de volta ao mundo. Depois do exercício, é bom e até necessário que voltemos com gosto às atividades, tarefas e deveres.

Na Oração de Repouso, mesmo quando é feita com toda a seriedade, a invocatória pode faltar. Por quê? Pode ser que algo importante esteja se mexendo dentro de nós. Pensamentos emergentes podem sobrepor-se ou afugentar-nos por momentos. Mas pode ser também que o orante tenha entrado num estado onde não lhe vêm pensamentos nem a invocatória lhe esteja presente. Nesse caso ele mergulha – nem que seja por momentos – num profundo silêncio imóvel, no qual assimila algo da força divina que nele repousa.

Um ancião conhecido por sua sabedoria tinha se retirado deserto adentro para escapar dos visitantes e das conversas inevitáveis. Ele era famoso por suas respostas curtas, que sempre despediam o interlocutor com uma tarefa a cumprir. Dois irmãos, depois de caminhada extenuante, acharam a cela do monge. Ele mandou que entrassem e sentassem. Um dos irmãos falou para ele: "Já faz alguns anos que exercito a Oração do Repouso. De primeiro, sempre tinha muitos pensamentos, mas o meu abade me ensinou como devo tratá-los. Agora, o que quero saber é isto: há momentos de grande repouso durante a oração em que não tenho pensamentos nem me é presente a invocatória. O que devo fazer nesse caso?". O ancião olhou para o irmão calado e depois falou: "Quando Moisés se aproximou da presença de Deus, tirou as sandálias. Do mesmo modo, quando entramos num profundo silêncio diante de Deus, se calam não só os pensamentos, mas até a própria invocatória. Imagine alguém que sobe num barco para atravessar um rio. Se chegar à outra margem que era a sua meta, claro que vai deixar o barco. Assim acontece com a invocatória. Ela nos conduz por um trecho – em geral pelas profundezas do nosso ser – e some quando tiver cumprido sua tarefa. Mas o Senhor só nos permite pouca demora na outra margem. Depois de acumular-nos com seus dons nos manda de volta, para enfrentar este mundo e para dar testemunho da meta de toda esta vida.

9
Não te esqueças...

> O espírito está inquieto dentro de nós e adora toda distração e todo passatempo. Mas lá no fundo ele procura um permanente estado de felicidade, no qual possa descansar de todo rebuliço. Se tu conseguires sempre de novo dar uma pausa em meio às atividades, darás ao teu espírito – e mais ainda à tua alma – a oportunidade de deixar-se atrair por sua verdadeira essência, que é divina. É ali que corpo, alma e espírito descansam e recebem nova energia. Permite, portanto, ao teu espírito e à tua alma, tomar sem empecilho o caminho de sua pátria. Dali voltarão repletos e te presentearão com dádivas que tu mesmo não terias sorte de adquirir.[1]

Cassiano quer mostrar a Oração de Repouso não somente aos seus monges, mas a todas as pessoas que procuram um caminho de oração que possa saciar sua sede de salvação e cura.

---

[1] Basílio, o Grande, que viveu entre 330 e 379, escreveu 313 preceitos. Nasceu em Cesareia da Capadócia. Com 27 anos, recebeu o batismo e sentiu o chamado da vida ascética. Visitou logo em seguida os eremitas mais famosos e as colônias dos monges no Egito, na Palestina, na Síria e na Mesopotâmia. O seu sim à Igreja foi ao mesmo tempo um sim ao seguimento de Cristo. A sua regra de vida é uma forte aliança entre a Igreja e a comunidade ascética por ele fundada. Ele deixou a solidão e tornou-se bispo de Cesareia no ano de 370. Sendo monge, tornou-se representante da Igreja. A comunidade fundada por ele ficou aberta para o mundo, porque criava e administrava escolas, enfermarias e abrigos. Basílio foi grande tanto como escritor espiritual quanto como bispo. Com suas regras elementares, mostrou os caminhos do monacato ortodoxo e influenciou também os monges latinos.

- A Oração de Repouso precisa de uma boa preparação.
- Quem resolve enfrentar esse caminho de oração procure um orientador ou, então, siga a rigor as regras de Cassiano.
- Não basta só a prática. Precisamos também do conhecimento que nos explique as experiências e nos dê consciência do que fazemos.
- Também não adianta saber da origem e do efeito, se não tivermos a prática.
- Imediatamente antes da oração devemos poupar-nos de novas impressões, porque elas influem na oração.
- Um lugar silencioso favorece o descanso interior. O orante fique sentado e com os olhos fechados. Não se imponha nada nem fique controlando sua posição nem sua respiração.
- Se a invocatória[2] não vier por si, o orante começa com ela depois de uns dois minutos, repetindo-a interiormente, baixinho e suave.
- Essa oração de entrega, que não cobra empenho, é feita sem esforço e com leveza. A única atividade, se é que podemos chamá-la assim, é fazer a repetição da invocatória.
- Se vierem pensamentos, o orante não deve dar atenção, mas sim voltar para sua invocatória e sempre dar prioridade à oração.

> Todas as vezes que maus pensamentos nos perturbarem, deveremos arremeter contra eles a invocação de Nosso Senhor Jesus Cristo e veremos que eles se desfazem como fumaça no ar. Se o espírito estiver outra vez em paz, podemos voltar para a vigilância e a invocatória. E assim procedamos cada vez que o caso se repetir (Hesychius de Batos. *Pequena filocalia*, São Paulo, Paulus, 2006).

---

[2] Não é bom assumir uma invocatória própria e, sim, uma daquelas que vêm da tradição dos padres do deserto. São flechas aprovadas, ao céu atiradas há quase 2.000 anos. São perfeitas no som e na vibração.

- O tempo recomendado para a oração é de vinte minutos, duas vezes ao dia. Não se deve ultrapassar esse tempo por causa do profundo repouso para corpo e alma. O tempo pode ser abreviado, mas não deve ser menor do que doze minutos.

- No fim, pare com a invocatória, abra os olhos e fique mais dois minutos de silêncio antes de terminar.[3]

- A Oração de Repouso não pode ser avaliada por nós. Ela muda a cada vez e atua em profundezas que a nossa percepção não alcança.

- A não ser com um orientador espiritual, fale pouco sobre sua experiência. No começo cale de uma vez e depois fale com discrição. Para os outros, basta que notem as mudanças positivas.

- Já que nos esquecemos facilmente e caímos em faltas por intervenção da vontade, é bom procurar o diálogo com um mestre ou conferir a doutrina cassiana.

> A tua oração deve ser diária e regular. Podes estar certo: ao mesmo tempo que te retiras ao silêncio, muitas pessoas no mundo inteiro estão fazendo a mesma coisa. Estão formando contigo uma grande comunidade orante. Tu estás sendo o elo de uma corrente universal de crentes que, pela oração, enfrentam a luta contra o mal e dão espaço ao amor divino e humano. Não abandones tua tarefa de ligar novamente a terra com o céu. Forças divinas estarão ao teu lado para te encher com sua natureza (Basílio, o Grande).

No último capítulo de seu tratado sobre a oração, Cassiano faz questão de dizer que a Oração de Repouso deve revezar-se com um trabalho motivador. Se o descanso harmoniza com

---

[3] Quem anda na marcha a ré não pode mudar para a primeira marcha, antes de tirar o pé do acelerador e fazer o carro parar. O nosso sistema nervoso e psicológico precisa de um tempo para sair do mergulho e do silêncio da Oração de Repouso. Uma precipitação causa indisposição.

o trabalho, então, sim, a pessoa pode achar o seu equilíbrio e mantê-lo, fazendo progresso no caminho da vida e da fé. É como no ato de andar: se uma perna se lança, o corpo está apoiado na outra. No próximo passo é o contrário. Progresso só é possível numa alternância sadia que não se sobrecarrega nem de um lado nem de outro.

Por trabalho prático e oração que se completam, a pessoa alcança os mais altos valores que a levam a seu objetivo: um permanente repouso em Deus.

A falta de formação religiosa e teológica não exclui a pessoa de enfrentar o caminho espiritual que leva à perfeição do coração. A falta de formação acadêmica também não empata ninguém de alcançar a pureza do coração e da alma. Essa meta está ao alcance de todos e o meio mais fácil é firmar-se sempre de novo em Deus pela Oração de Repouso.

Terceira Parte

▶ João Cassiano: vida e atuação

1 O seu caminho – da partida até a meta

▶ Quem foi João Cassiano com os seus escritos que vieram até nós? Autores cristãos dos primeiros séculos costumavam esconder-se atrás de suas obras, e de sua vida pessoal não falavam. Muitas vezes acontece de posteriores historiadores tomarem vagas suposições por verdades. No caso de Cassiano é diferente, porque dele temos duas fontes que dão testemunho autêntico de sua vida. De um lado, são os próprios escritos, entremeados com dados biográficos, de modo que a vida dele pode ser localizada no tempo e no espaço geográfico. Por outro lado, tem o historiador literário Genádio de Marselha, autor erudito poliglota e escritor criterioso, que a partir de 467 – trinta anos depois da morte de Cassiano – completou e reeditou o mais antigo catálogo de autores cristãos, escrito por Jerônimo, chamado "Dos homens ilustres".

Já que João Cassiano, que viveu em Marselha de 410 até sua morte, fundou dois mosteiros ali, Genádio se referiu à cidade como centro eclesiástico com forte influência monástica. Dessa maneira, Cassiano recebe o devido destaque no livro dos autores eclesiásticos.

Ao nome de Cassiano se associa a implantação do monacato do Oriente ao Ocidente. Sendo assim, "Cassiano tem papel especial entre os pais do monacato ocidental". Para entendermos melhor o tratado de oração e de modo especial a Oração de Repouso, precisamos saber alguma coisa sobre a vida dele.

Cassiano nasceu em 360, na província de Dobrudscha, Romênia, perto da cidade portuária de Constança do Mar Negro. Com poucas palavras, ele descreve a propriedade dos pais, localizada numa região silvestre, solitária, mas aprazível. Seus pais cristãos lhe proporcionaram uma formação escolar especial e exigente. A língua materna era latim, porque os colonizadores tinham deixado na região sua marca romana. Ao mesmo tempo havia forte influência grega. Dessa maneira, Cassiano se criou praticamente falando as duas línguas. Ele escreve no "décimo quarto diálogo" com o Abade Nesteros que seus conhecimentos clássicos adquiridos na juventude agora o atrapalhavam na oração, porque não saíam do seu pensamento.

No "vigésimo quarto diálogo", Cassiano fala dos seus pais e parentes. Sente vontade de visitá-los na sua terra natal para contar-lhes dos encontros que teve com os padres do deserto, já que eles tinham tanta fé e tanto amor. Ele diz que ali não haveria dificuldades financeiras, porque sua família iria colocar tudo à sua disposição com alegria e com fartura.

Já com vinte anos, João Cassiano sentiu o desejo de uma experiência mais profunda da fé. Assim, enfrentou com seu amigo Germano – um pouco mais velho do que ele – uma peregrinação para os santos lugares da Palestina, conforme os costumes da época. Os dois se entusiasmaram tanto com a velha paisagem monacal dali, que resolveram entrar num mosteiro em Belém. Esse mosteiro, vizinho daquele de São Jerônimo, estava encostado à Gruta do Nascimento. Cassiano fala do "nosso mosteiro que fica perto da gruta em que nasceu Jesus Cristo". Ele e seu conterrâneo Germano viviam uma amizade profunda. No "primeiro diálogo" o apresenta e diz que desde a formação, em todos os desafios tanto no mosteiro como no deserto, pôde contar com a amizade inseparável de Germano. Nesse mosteiro de Belém fizeram o noviciado e professaram os votos religiosos.

Depois de mais ou menos quatro anos (pelos anos 385), Cassiano teve que constatar que aquela ainda não era a vida monástica que ele sonhava. Nem ele nem Germano tinham encontrado ali alguém que vivesse ou ensinasse aquele ideal ascético que andavam procurando. Cassiano fala mais tarde, no seu "vigésimo sétimo diálogo" com o Abade José, lá no deserto do Egito, sobre o tema da opção a ser feita: "Se voltarmos ao nosso mosteiro em Belém, certamente vamos decair em nosso alto nível espiritual e, devido à mediocridade que ali se vive, sentiremos angústia por tanta coisa que nos fará falta". No seu mosteiro em Belém, eles tinham ouvido falar do grande ideal ascético dos padres do deserto do Egito que dali em diante os atrairia muito. Assim se entende que eles queriam conhecer o monacato onde estivesse mais genuíno. Mas os superiores em Belém não queriam perder dois monges tão zelosos como Cassiano e Germano. Por isso, cobraram a solene promessa de regresso.

No ano 385 puderam viajar para o Egito depois que prometeram com juramento que sua volta não iria tardar. Partiram para visitar os anciãos dos monges, cheios de vontade de aprender e experimentar o que lhes faltasse de conhecimentos sobre o "caminho da purificação" e sobre o "caminho da perfeição". Há tempos eles tinham idealizado esse plano em segredo. Chegaram primeiro na cidade portuária de Thenessus e visitaram os monges da região de Panéfisis e Diolkos no delta do Nilo. Depois, bastante tempo entre os monges de Kellia e de Sketis, não muito longe de Alexandria. Ali trataram de aprender e exercitar o caminho cristão da salvação e da oração. Foi no deserto de Sketis que aprenderam a Oração de Repouso, com os mais aprovados e perfeitos abades. Depois de sete anos, em 392, voltaram a Belém, para pedir a dispensa da promessa que tinham feito de retornar ao mosteiro.

Daqui em diante, Cassiano e Germano puderam continuar, sem embargo e com a bênção do mosteiro de Belém, a sua permanência de sete anos entre os monges do Egito. Tudo o que Cassiano colheu no deserto de Sketis e de Tebas (lugar onde Santo Antão viveu), por meio de conversas com os monges e de suas observações quanto a hábitos, costumes e sabedoria de vida, ele deixou por escrito 25 anos mais tarde, quando era abade do mosteiro de Saint-Victor, em Marselha. Dessa maneira, a doutrina dos padres do deserto foi traduzida para o latim e ficou acessível para o Ocidente. Como ele dominava tanto o latim como o grego, era o mediador ideal entre o Oriente e o Ocidente.

A vida dos monges havia começado no terceiro século com Santo Antão. Ele era o modelo por sua vida e por sua doutrina. A grande motivação que levava milhares à vida monástica era a busca da perfeição, escondida na profundidade da alma humana, o desejo de união com Deus, a experiência aprofundada na oração, a solidão e o domínio de si mesmo.

Cada monge vivia sozinho no seu Kellion, que era uma casinha com vários quartos, com um terreiro cercado e em geral fechado. Guillaumont escavou em 1965 uma dessas moradas, se bem que datada num tempo posterior e suposta como moradia de vários monges. Foi ali que também se achou a mais antiga fonte escrita que fala da Oração de Repouso. Durante a semana, o monge costumava viver sozinho no seu Kellion, entregando-se totalmente à oração. Cassiano conheceu a vida dos monges no Egito quando esta se encontrava em seu auge. Nos padres do deserto, ele viu a encarnação da perfeição cristã. A partir da própria convivência, Cassiano descreve essas personalidades que dormem em esteiras e forram a cabeça com um feixe de papiro.

2 | Escola alexandrina: Orígenes e Evágrio do Ponto, mestre de Cassiano

▶ A doutrina de Cassiano vem dos padres do deserto, e estes, em grande parte, foram marcados pela escola teológica de Alexandria, metrópole da antiguidade que, como segunda maior cidade do império romano já no primeiro século, tinha quase um milhão de habitantes. Ela foi fundada por Alexandre, o Grande, em 331 antes de Cristo. A escola teológica da cidade teve grande irradiação na Igreja dos primórdios. Eusébio (260-340) escreve na sua história da Igreja que essa escola existiu em Alexandria "desde velhos tempos". A grande fama de Alexandria é em grande parte devida a tal escola teológica e à presença de bispos famosos como Heraklas, Theonas, Athanásio, Kyrillos, Dimétrios. O primeiro doutor cristão dessa escola historicamente provado é Pantaenos, que morreu em 190. Um dos alunos de Pantaenos foi Clemente de Alexandria (150-215), e este foi mestre de Orígenes (185-255). Orígenes entrou nessa escola em 204 e colocou as bases para uma instituição permanente. Sem Orígenes e sua escola, não haveria monacato tão desenvolvido, não existiria a dogmática e doutrina espiritual dos capadócios e dos bizantinos, nem a exegese de Jerônimo e Ambrósio, nem a tipologia escriturística do Ocidente. O maior aluno de Orígenes foi Evágrio do Ponto (345-399), a quem Cassiano chama nas suas obras de "Abade Isaac". Foi por Evágrio que Cassiano conheceu a espiritualidade de Orígenes. As colunas mestras que sustentam a doutrina de Cassiano são os escritos de Orígenes e os diálogos pessoais com Evágrio.

3 | Do deserto de Sketis via Constantinopla e Roma até Marselha

▶ No ano de 399 morreu Evágrio do Ponto, que viveu no deserto egípcio de Nitris. Era ele o representante mais importante da teologia de Orígenes. Muitos adeptos entre os monges do Egito se baseavam na sua doutrina. Mas, depois da morte de Evágrio, a teologia de Orígenes foi alvo de muitos conflitos.

Quando finalmente o Patriarca Teófilos de Alexandria interveio na discussão de modo brutal, condenando as obras de Orígenes e expulsando do Egito os seguidores dele entre os monges, também Cassiano e Germano tiveram que fugir de lá no ano 401. Depois de sua expulsão, foram acolhidos pelo Patriarca João Crisóstomo, de Constantinopla (350–407), que foi um dos grandes entre os padres da Igreja. Ele ganhou o nome de Crisóstomo, que quer dizer "boca de ouro", por causa das homilias ardentes que fazia. Nele, os dois amigos acharam um novo orientador espiritual. Crisóstomo lhes deu ministérios eclesiásticos e os inseriu no trabalho pastoral.

Infelizmente, não se sabe em quantos monges Crisóstomo impôs as mãos pessoalmente. Mas é certo que deu a consagração episcopal a Heráclides e a Cassiano, a ordenação diaconal. Na mesma época, Germano foi ordenado padre, pois este veio do Egito com Cassiano. Antes de ser ordenado diácono, já fazia dois anos que Cassiano estava com o patriarca.

No seu livro *Da encarnação do Senhor*, Cassiano escreve mais tarde, cheio de gratidão: "Não sou mestre entre as grandes autoridades da cidade de Constantinopla, mas sou aluno com zelo e amor, porque o bispo João Crisóstomo me incluiu no ministério sagrado e me consagrou a Deus. Ainda hoje estou lá pelo amor, embora longe no corpo".

Em Constantinopla, Cassiano presenciou a luta da política interna eclesial pela cátedra do bispo, e desta luta Crisóstomo se tornou vítima. No ano 404, foi deposto por meio de uma intriga encabeçada pela imperatriz Eudóquia e ajudada por alguns bispos liderados pelo Patriarca Teófilos de Alexandria. A razão verdadeira foi porque Crisóstomo tinha ordenado alguns monges fugitivos, entre eles Cassiano e Germano, dando-lhes cargos de confiança. Depois que Crisóstomo caiu e foi mandado pelo imperador ao exílio na Armênia, o clero de Constantinopla encarregou Cassiano e Germano para uma missão junto ao Papa Inocêncio I (402–417), a fim de conseguir a proteção papal em favor de Crisóstomo e a defesa de sua teologia. No ano 405, os dois viajaram para Roma e conseguiram desfazer as acusações.

Lá em Roma, Cassiano deve ter feito amizade com o posterior Papa Leão I, o Grande (440-461), que nessa época ainda era arquidiácono. Este recorreu no ano 430 a Cassiano com o pedido de contestar a doutrina de Nestorius. A este seu amigo, posteriormente papa, Cassiano dedicou o prefácio da sua obra *Da encarnação do Senhor*. Em Roma, Cassiano foi ordenado presbítero.

João Crisóstomo morreu em 407, e Roma foi conquistada em 410, por Alarico, rei dos visigodos. Mas, nessa época, Cassiano já havia deixado a cidade. De Germano não sabemos mais nada a partir de então. Provavelmente ficou em Roma e morreu lá mesmo.

Depois do ano 410, Cassiano chegou ao sul da França (então Gália) por caminhos que não dá mais para reconstruir e achou uma nova pátria na cidade de Marselha. Provavelmente foi o Bispo Lázaro de Aix-en-Provence que lhe abriu os caminhos. Mas o autor Rousseau acha que Cassiano não viajou diretamente de Roma a Marselha – como se pensa comumente –, e sim só depois de ter voltado para Constantinopla com a resposta positiva do papa, para Crisóstomo, de que o primeiro exílio estava suspenso. Mas, em dois meses, as intrigas contra ele se reacenderam, com o resultado de outro exílio definitivo para Kukusus, na fronteira da Armênia. Depois de três anos sofridos naquele lugar, foi transferido para cativeiro ainda mais severo em Pytos, junto do Mar Negro, mas durante a viagem morreu. Depois que Cassiano não pôde fazer mais nada por Crisóstomo, foi a Antioquia para intermediar no cisma que havia entre esta cidade e Roma. Ali conheceu o Bispo Proclus, com o qual partiu para Marselha. Mais e mais as tribos dos godos estavam invadindo o império romano, e assim a parte ocidental do império foi caindo na decadência crescente do ponto de vista político, econômico e cultural. Mas as cidades de Marselha e Provença foram defendidas com sucesso contra os invasores. Muita gente que fugiu do norte da Itália e de Roma refugiou-se ali, entre eles pessoas que queriam viver um ideal monástico na solidão. Na sua busca religiosa acharam motivação no exemplo do monacato do Egito. E assim se fundaram muitos mosteiros no sul de Gália e em Provença. Os bispos Proclus e Castor de Apt deram muito apoio ao monacato nascente. Castor defendeu o amigo contra acusações e lhe deu segurança. Cassiano tinha grande reputação, porque havia conhecido durante muitos anos a espiritualidade monástica, especialmente a dos mosteiros do Egito, que eram o berço do monacato cristão.

Cassiano viveu em Marselha a partir de 410. Pelos anos 415, a pedido do Bispo Proclus, fundou o mosteiro dos monges, Saint-Victor, e das monjas, Saint-Saviour.

As fundações se localizavam no então centro da cidade e estão conservadas até hoje. Nesses mosteiros urbanos o foco não era tanto o isolamento do corpo, e sim o recolhimento da alma. O mosteiro, do qual Cassiano era abade, estava encostado à igreja de Saint-Victor, que o Bispo Proclus cedeu como igreja abacial, provavelmente por recomendação do Bispo Lázaro, que mais tarde foi sepultado nessa igreja. As últimas notícias que temos de

Cassiano são de 432. Provavelmente morreu em 435. Seu corpo jaz na cripta da igreja de Saint-Victor. João Cassiano é venerado como santo na diocese de Marselha e na igreja de língua grega.

O beneditino inglês Cuthbert Butler (falecido em 1934) foi um dos mais célebres conhecedores do nascente mundo monástico. Ele chama os "24 diálogos" de Cassiano de "a primeira e mais importante obra científica que jamais foi escrita sobre a vida espiritual".[1] Ele atribui a Cassiano o mérito de ter dado ao ocidente latino, antes de Agostinho, uma forma de piedade monástica que se pode chamar de "mística ocidental".

---

[1] C. Butler, Monacato beneditino.

Sumário

Prefácio 5
Introdução 11

Primeira parte – Conduzindo para a Oração de Repouso

1. "Nada é pesado, se formos leves" 23
2. Sobre o valor da oração 27
3. Antes de começar 35
4. A alma é como uma penugem 45
5. O que faz a alma ficar pesada 51
6. Do perigo do trabalho agitado 55
7. Impressões precisam ser articuladas 61
8. Condições para chegar à essência da oração 65
9. Entrega a Deus 71
10. O silêncio 73
11. Seja feita a vossa vontade, assim na terra como no céu 75
12. Um gostinho da dimensão divina 79
13. Efeitos da Oração de Repouso 83
14. Como podemos apoiar a Oração de Repouso 89
15. Para orar, entra no teu quarto 99

Segunda parte – Iniciação na Oração de Repouso

1. Não tenha conceitos nem perspectivas 107
2. Mistério da fé 111
3. Últimas perguntas antes de chegar à Oração de Repouso 115

4. Portas ocultas se abrem 119
5. Oração de Repouso ou Oração Hesicasta 123
6. A perfeição da Oração de Repouso 165
7. A chave da íntima fonte de vigor 169
8. Como lidar com os pensamentos 171
9. Não te esqueças 175

Terceira parte – João Cassiano: vida e atuação

1. O seu caminho – da partida até a meta 181
2. Escola alexandrina: Orígenes e Evágrio do Ponto, mestre de Cassiano 185
3. Do deserto de Sketis via Constantinopla e Roma até Marselha 187